"一带一路"列国人物传系 总主编◎王丽

敦煌莫高窟5人传

丝路明珠守门人

周由强 王丽◎主编

華文出版社
中国出版集团公司

图书在版编目（CIP）数据

敦煌莫高窟5人传 ：丝路明珠守门人 / 周由强，王丽主编. -- 北京 ：华文出版社，2017.5
（“一带一路”列国人物传系）
ISBN 978-7-5075-4681-1

Ⅰ. ①敦… Ⅱ. ①周… ②王… Ⅲ. ①人物－列传－中国－现代 Ⅳ. ①K820.7

中国版本图书馆CIP数据核字（2017）第081051号

敦煌莫高窟 5 人传

主　　编：周由强　王　丽
责任编辑：谭　笑　黄彩霞
出版发行：华文出版社
社　　址：北京市西城区广外大街 305 号 8 区 2 号楼
邮政编码：100055
网　　址：http://www.hwcbs.com.cn
投稿信箱：784263235@qq.com
电　　话：总 编 室 010-58336239　发 行 部 010-58336267/58336230
责任编辑 010-58336237
经　　销：新华书店
印　　刷：三河市东方印刷有限公司
开　　本：880×1230　1/32
印　　张：7.875
字　　数：128 千字
版　　次：2018 年 7 月第 1 版
印　　次：2018 年 7 月第 1 次印刷
标准书号：ISBN 978-7-5075-4681-1
定　　价：38.00 元

“‘一带一路’列国人物传系”编辑委员会

总　序

群星闪耀“一带一路”

“2100多年前，中国汉代的张骞肩负和平友好使命，两次出使中亚，开启了中国同中亚各国友好交往的大门，开辟出一条横贯东西、连接欧亚的丝绸之路。”①2013年9月7日，中国国家主席习近平在哈萨克斯坦纳扎尔巴耶夫大学发表演讲，以博古通今的睿智对大学生们娓娓道来丝绸之路古老而年轻的故事。

“我的家乡陕西，就位于古丝绸之路的起点。站在这里，回首历史，我仿佛听到了山间回荡的声声驼铃，看到了大漠飘飞的袅袅孤烟。这一切，让我感到十分亲切。哈萨克斯坦这片土地，是古丝绸之路经过的地方，曾经为沟通东西方文明，促进不同民族、不同文化相互交流和合作作出过重要贡献。

① 《习近平谈治国理政》，外文出版社，2014年10月第1版，第287页。

东西方使节、商队、游客、学者、工匠川流不息，沿途各国互通有无、互学互鉴，共同推动了人类文明进步。”“不同种族、不同信仰、不同文化背景的国家完全可以共享和平、共同发展。这是古丝绸之路留给我们的宝贵启示”，“为了使我们欧亚各国经济联系更加紧密、相互合作更加深入、发展空间更加广阔，我们可以用创新的合作模式，共同建设‘丝绸之路经济带’”。[①]推己及人，高瞻远瞩，引领时代，习主席在阿斯塔纳[②]通过哈萨克斯坦人民，首次向世界发出了让古老的丝路精神再次焕发青春和光彩的时代宣言。

2013 年 10 月 3 日，习主席在印度尼西亚国会发表了题为《共同建设二十一世纪“海上丝绸之路”》的演讲：“东南亚地区自古以来就是‘海上丝绸之路’的重要枢纽，中国愿同东盟国家加强海上合作，使用好中国政府设立的中国－东盟海上合作基金，发展好海洋合作伙伴关系，共同建设 21 世纪‘海上丝绸之路’”，“发挥各自优势，实现多元共生、包容共进，共同造福于本地区人民和世界各国人民”。[③]这个倡议和 9 月 7 日的演讲异曲同工、

---

① 《习近平谈治国理政》，外文出版社，2014 年 10 月第 1 版，第 287 页。

② 哈萨克斯坦新首都名称。

③ 同①，第 293–295 页。

遥相呼应、互为映衬，完整地提出了“丝绸之路经济带”和“21世纪海上丝绸之路”的宏伟构想。

从广袤的亚欧腹地哈萨克斯坦到风光旖旎的印度尼西亚，习主席提出的“丝绸之路经济带”和“21世纪海上丝绸之路”吸引了世界各国的目光。从2013年9月至2016年8月，习近平出访37个国家（亚洲18国、欧洲9国、非洲3国、拉美4国、大洋洲3国），对“一带一路”倡议的总体框架和基本内涵做了充分阐述。和平合作、开放包容、互鉴互学、互利共赢的丝路精神，共商、共建、共享的合作理念，驱散了“去全球化”的阴霾，为增长低迷的世界经济注入新的动能。各国纷纷将本国经济发展与中国政府制定的《推动共建丝绸之路经济带和21世纪海上丝绸之路的愿景与行动》规划相衔接。“一带一路”倡导的政策沟通、设施联通、贸易畅通、资金融通、民心相通等“五通”，正在以基础设施、经贸合作、产业投资、能源资源、金融支撑、人文交流、生态环保、海洋合作等为载体和依托，在全球掀起了投资兴业、互联互通、技术创新、产能合作的新势头。2016年中国牵头成立有57个成员国加入的亚洲基础设施投资银行（AIIB），2017年3月23日迎来13个新伙伴。孟加拉配电系统升级扩容项目、印尼全国棚户区改造项目、巴基斯坦国家高速公路项目和塔吉克斯坦杜尚别至乌兹别克斯坦道路改造项目已经获得亚投行金融支持，共商共建成为现实。

“一带一路”倡议得到国际社会的热烈响应。2016年11月17日，第71届联合国大会193个成员一致赞同，通过了第A/71/9号决议，欢迎“一带一路”倡议，敦促各国通过参与“一带一路”，呼吁国际社会为开展“一带一路”建设提供安全保障环境。2017年3月17日，联合国安理会全票赞成，一致通过第2344号决议，呼吁国际社会凝聚援助阿富汗共识，通过“一带一路”建设等加强区域经济合作，敦促各方为“一带一路”建设提供安全保障环境。

2017年1月，习近平主席在联合国日内瓦总部发表题为《共同构建人类命运共同体》的重要演讲，全面深入系统阐述人类命运共同体重大理念，在国际上引起热烈反响，受到各方普遍欢迎和高度评价。3月23日，联合国人权理事会第34次会议通过关于“经济、社会、文化权利”和“粮食权”两个决议，决议明确表示要通过“一带一路”建设“构建人类命运共同体”。这是人类命运共同体重大理念首次载入人权理事会决议，标志着这一理念成为国际人权话语体系的重要组成部分。

“一带一路”不是中国的独角戏，是与亚、欧、非洲及世界各国共同奏响的交响乐。中国恪守联合国宪章的宗旨和原则，坚持开放合作、和谐包容、政策沟通，培育政治互信，建立合作共识，协调发展战略、促进贸易便利化及多边合作体制机制。中国携手100多个国家和地区，依托国际大通道，以陆上沿线中心城市为支撑，以重点经贸产业园区为合作平台，共同打造新亚欧大陆桥、中蒙俄、中国－中亚－西亚、中巴、孟中印缅、中国－中南半岛等国际经济合作走廊进展顺利，中欧班列在贸易畅通上动力强劲，风景亮丽；以海上重点港口为节点，共同建设通畅安全高效的运输通道，实现陆海路径的紧密关联和合作，太平洋、印度洋、大西洋上巨轮往来频繁，不亦乐乎。亚太经合组织、亚欧会议、大湄公河次区域合作等有关决议或文件，都体现了“一带一路”建设内容。丝路基金、开发性金融、供应链金融汇聚全球财富，建设绿色、健康、智慧与和平的丝绸之路，增进各国民众福祉。

“一带一路”是人类历史上从未有过的恢弘蓝图，也是横跨亚非欧连接世界各国的暖心红线。“丝绸之路经济带”包括中国经中亚、俄罗斯至欧洲（波罗的海），中国经中亚、西亚至波斯湾、地中海，中国至东南亚、南亚、印度洋；“21世纪海上丝绸之路”包括从中国沿海港口过南海到印度洋再延伸至欧洲和到南太平洋。一路驼铃声声、舟楫相望，互通有无、友好交往。

在新的时代，在创新古老丝路精神的伟大进程中，习主席专门缅怀丝路开拓者，特意致敬古丝路精神奠基人："我们的祖先在大漠戈壁上'驰命走驿，不绝于时月'，在汪洋大海中'云帆高张，昼夜星驰'，走在了古代世界各民族友好交往的前列。甘英、郑和、伊本·白图泰是我们熟悉的中阿交流友好使者。丝绸之路把中国的造纸术、火药、印刷术、指南针经阿拉伯地区传播到欧洲，又把阿拉伯的天文、历法、医药介绍到中国，在文明交流互鉴史上写下了重要篇章。千百年来，丝绸之路承载的和平合作、开放包容、互学互鉴、互利共赢精神薪火相传。"[①]这种吃水不忘挖井人的情怀，再次展现了中华民族不忘历史、纪念先贤、展望未来的优秀文化基因，也为中国传记文学学会参加"一带一路"建设指明了方向和道路。

在古老的丝绸之路上，我们不曾相忘：张骞出使西域到过的哈萨克斯坦，山高水长的好邻居巴基斯坦，双头鹰下横跨欧亚之国俄罗斯，草原之国蒙

① 习近平：《弘扬丝路精神，深化中阿合作》，2014年6月5日，习近平在中—阿合作论坛第六届部长级会议开幕式上的讲话，《人民日报》6月6日第1版。

古，喜马拉雅浮世天堂尼泊尔，菩提恒河保佑之国印度，文化瑰宝伊朗，首创法典之国伊拉克，红海门户之国也门，石油王国沙特阿拉伯，波斯湾明珠巴林，雪松之国黎巴嫩，海湾之秀科威特，沙漠之巅阿联酋，半岛明珠之国卡塔尔，波斯湾霍尔木兹海峡守门人阿曼，万湖之国白俄罗斯，欧亚十字路口土耳其，流着奶和蜜之地以色列，欧洲粮仓乌克兰，亚平宁半岛上的文化巅峰意大利，阿尔卑斯之巅的瑞士，玫瑰之国保加利亚，与灵魂对话的思辨之国德意志，欧洲文化殿堂法兰西，欧洲客厅比利时，郁金香之国荷兰，热情如火的西班牙，还有正在脱欧的绅士国度英国，北非金字塔之国埃及，非洲屋脊奉马蹄莲为国花的埃塞俄比亚，香草大岛之国马达加斯加，等等。

沿着海上丝绸之路，我们会领略丛林花园之国马来西亚，花园国度新加坡，千岛之国菲律宾，赤道翡翠之国印度尼西亚；沿澜沧江一路南下，我们不曾相忘澜湄泽润之国越南，千佛之国泰国，高棉的微笑之国柬埔寨，万象之都老挝，印度洋上明珠之国斯里兰卡，印度洋上的明星和钥匙毛里求斯，堆金积玉之国文莱，追求自由之国东帝汶，印度洋世外桃源马尔代夫，骑在羊背上的国家澳大利亚，上帝的后花园新西兰，等等。

“一带一路”沿线国家里，那些千百年来影响了人类与国家、民族命运并与中国曾经有过交往的古今人物，至今还能在教科书、影视剧里看到他们，还能感受到他们在一代一代年轻人身上所生发的影响和魅力。

当然，对于中国人来说，更为熟悉的是丝绸之路的开拓者。曾记否？丝绸之路开拓者中，有汉武帝和他的使节们，有首开大唐盛世的唐太宗及其无数臣民，有再续睦邻通商航海路的宋祖朝廷和无数先贤，还有金戈铁马风漫卷的元代人物，一统江山万里帆的明代人物，环球凉热自清浊的清代人物，东西碰撞溅火花的近代人物，还有经受风雨变迁、勇立海国之志的现代人物，更有丝路明珠敦煌莫高窟的守护者，卫国助邻的将军和通司中外的外交家们。当然，数风流人物，还看今朝，我们不能不浓墨重彩地讴歌那些智通商海，投身到新丝路建设中的当代人物。

耕云播雨，香火延续，智慧传承，历史再续！2100 多年的友好交往历史从未隔断，惠及三大洲的中西交通从未停歇，21 世纪的“中国梦”和“世界梦”汇成了人类命运共同体的时代和弦，响彻在“一带一路”辽阔的长空。也正因如此，2017 年 5 月，北京喜迎来自“一带一路”相关国家的元首、政府首脑、前政要、知名企业家和专家学者等各界代表，以及国际组织的负责人等千名领袖，出席“‘一带一路’国际合作高峰论坛”。“千人盛会”共襄“团结互信、平等互利、包容互鉴、合作共赢”[①]之盛举，共商“沿线各国共同把蛋糕做大，一起分蛋糕”之合作共赢大计。这是中华民族和世界历史上都应该铭记的大日子。

以人物传记写作为己任的中国传记文学学会，在“一带一路”倡议实施中，肩负“讲好一带一路民心相通好故事”的使命和责任，这也是国家赋予我们的根本职责和任务。在中国文学艺术界联合会的领导下，在中国社会科学院国家全球战略智库指导下，中国传记文学学会以赤诚的家国情怀、强烈的时代精神、为人传记的责任担当，在认真调研、周密谋划、精心组织基础上，毅然决定倾注全力组织编写出版“‘一带一路’列国人物传系”。此煌煌百卷传系讲述近千名各国人物故事，集数百位专家作家尽心挥毫，去冬今春，夜以继日……幸得中国出版集团公司华文出版社出版发行。于是，各位读者得以读到手中的这套活泼而不失厚重、有趣而不失学养的列国人物合传书卷。

① 习近平：《弘扬人民友谊，共创美好未来》，2013年9月7日，习近平主席在哈萨克斯坦纳扎尔巴耶夫大学的演讲。

孔子曰："仁者，人也。"让各国的先贤智者的思想光辉，照亮我们探索人类未来的道路。

传记明志，落笔为文，是为总序。

中国传记文学学会会长

"'一带一路'列国人物传系"编委会总主编

王丽 博士

2018年3月8日

General Editor's Preface

The Belt and Road Initiative was conceived in 2013. On September 7, 2013, Chinese President Xi Jinping proposed for the first time the blueprint in a speech at Nazarbayev University during his visit to Kazakhstan:

> Over 2,100 years ago during China's Han Dynasty, a Chinese imperial envoy Zhang Qian visited Central Asia twice to open the door to friendly contacts between China and Central Asian countries as well as the transcontinental Silk Road linking East and West, Asia and Europe.
>
> Shaanxi, my home province, is right at the starting point of the ancient Silk Road. Today, as I stand here and look back into history, I could almost hear the camel bells ringing in the mountains and see the wisps of smoke rising

from the desert. It has brought me close to the place I am visiting. Sitting on the ancient Silk Road, Kazakhstan has made important contributions to the exchanges and cooperation between different nations and cultures. This land has witnessed a steady stream of envoys, caravans, travelers, scholars and artisans traveling between the East and the West. The exchanges and mutual learning thus made possible have contributed to the progress of human civilization.

... Countries with differences in race, belief and cultural background are fully capable of sharing peace and development. This is the valuable inspiration we have drawn from the ancient Silk Road.

... To forge closer economic ties, deepen cooperation and expand development opportunities between Eurasian countries, we should innovate the mode of cooperation and jointly build an "economic belt along the Silk Road". ①

Considering the interests of the world commnity, taking a broad and long view and leading the new era, in Astana, President Xi, through the people of Kazakhstan, for the first time issued a declaration to the world that the old Silk Road

① Xi Jinping, *The Governance of China* (Beijing: Foreign Languages Press, 2014) 287.

spirit would once again be rejuvenated and radiant.

On October 3, 2013, President Xi brought up this topic again in his address to the Indonesian Parliament under the title "Jointly Building the 21st Century Maritime Silk Road":

> Southeast Asia has since ancient times been an important hub along the ancient Maritime Silk Road. China will strengthen maritime cooperation with ASEAN countries to make good use of the China-ASEAN Maritime Cooperation Fund set up by the Chinese government and vigorously develop maritime partnership in a joint effort to build the Maritime Silk Road of the 21st century. China is ready to expand its practical cooperation with ASEAN countries across the board, supplying each other's needs and complementing each other's strengths, with a view to jointly seizing opportunities and meeting challenges for the benefit of common development and prosperity.[①]

The two talks framed the full picture of the

① Xi Jinping, *The Governance of China* (Beijing: Foreign Languages Press, 2014) 293-295.

conceptual "Silk Road Economic Belt" and the "21st Century Maritime Silk Road", which are collectively referred to as "The Belt and Road Initiative". Between September 2013 and August 2016, President Xi visited 37 countries (18 in Asia, 9 in Europe, 3 in Africa, 4 in Latin America and 3 in Oceania), giving a full exposition of the Belt and Road Initiative, from its overall framework to various details. The milieus of peaceful and all-win cooperation, financial integration, trade liberalization, and people-to-people bonds dispel the haze of anti-globalization and inject new vitality to the stagnant world economy.

The Belt and Road Initiative has been received with global enthusiasm. On November 17, 2016, all 193 member states of the United Nations unanimously passed the Resolution No. A/71/9 during the 71st Session of the United Nations General Assembly. This resolution endorsed China's Belt and Road Initiative, encouraged UN member countries to participate in the Initiative, and urged the international community to provide a safe environment for the implementation of the Initiative.

The Belt and Road Initiative is not a solo of China, but a symphony of countries from Asia, Europe, Africa and the rest of the world. By observing the Charter of the United Nations, China adheres to openness and cooperation, harmony and inclusiveness as well as policy coordination in order to bolster mutual political trust, reach cooperation consensus, coordinate development strategies, facilitate trade, and introduce multilateral cooperation mechanisms. China has established partnerships with over 100 countries and international organizations with the goal of jointly building a new Eurasian Land Bridge and developing China–Mongolia–Russia, China–Central Asia–West Asia, China–Pakistan, Bangladesh–China–India–Burma, and China–Indochina Peninsula economic corridors by taking advantage of international transport routes, relying on core cities along the Belt and Road and using key economic industrial parks as cooperation platforms. At sea, the Initiative will focus on jointly building smooth, secure and efficient transport routes connecting major sea ports along the Belt and Road, so as to achieve a closer connection and cooperation between land and sea routes, with the Pacific, Indian and Atlantic Oceans frequented by ships and vessels. Meanwhile, the Asia-Pacific Economic Cooperation

(APEC), the Asia-Europe Meeting (ASEM), the Greater Mekong Subregion (GMS) Economic Cooperation and many other regional cooperation mechanisms have included the Belt and Road Initiative in their relevant resolutions and documents.

We shall never forget the countries along the ancient Silk Road: Kazakhstan, the country visited by the Han Dynasty imperial envoy Zhang Qian; Pakistan, China's friendly neighbor bound by mountains and rivers; Russia, a country symbolized by a double headed eagle; Mongolia, the prairie country; Nepal, the paradise on the Himalayas; India, a land blessed by the holy river Ganges; Iran, a country full of cultural treasures; Iraq, the country where the famous *Code of Hammurabi* originates from; Yemen, the gate to the Red Sea; Saudi Arabia, the kingdom of petroleum; Bahrain, the pearl of the Persian Gulf; Lebanon, a country of cedars; Kuwait, a rising star of the Persian Gulf; United Arab Emirates, a diamond on the desert; Qatar, a gem on the Arabian Peninsula; Oman, the gatekeeper of the Hormuz Strait; Byelorussia, a country with myriad lakes; Turkey, the center of the crossroads of Eurasia; Israel, a country full of milk and honey; Ukraine, the granary of Europe;

Italy, the pinnacle of culture on the Apennine Peninsula; Switzerland, a country in the Alps; Bulgaria, the land of roses; Germany, a home to great minds; France, the cultural palace of Europe; Belgium, the drawing room of Europe; the Netherlands, a garden of tulips; Spain, the land of passion; United Kingdom, the country of gentlemen which is breaking from the EU; Egypt, a country of pyramids in North Africa; Ethiopia, the roof of Africa whose national flower is Calla Lily; Madagascar, the island nation where vanilla grows, and so on.

The Maritime Silk Road links Malaysia, a country of forests and gardens; Singapore, the flowery country; the Philippines, the country of a myriad of islands; and Indonesia, the emerald of the equator. Along the Lantsang River down to the south, we will pass Vietnam, the land nourished by the Mekong River; Thailand, a country of thousands of Buddhist temples; Cambodia, the home to Khmer smiles; Laos, the land of a million elephants; Sri Lanka, a bright pearl in the India Ocean; Mauritius, the shining star and key of the Indian Ocean; Brunei, a kingdom of gold and green; East Timor, a nation of independence; Maldives, a paradise in the India Ocean; Australia, the nation riding on the sheep's back; New

Zealand, the back garden of God, and so forth.

In the countries along the Belt and Road, names of distinguished figures, ancient or modern, who have affected the destiny of mankind, who have rewritten the history of nations, and who have had contacts with China, can still be found in today's textbooks, films and TV shows. We can still feel their enduring influence and charm on generations of young people.

Of course, for the Chinese people, the pioneers of the ancient Silk Road are more familiar. Yet, those who have devoted themselves to the building of the new Silk Road equally deserve our respect. In May 2017 during the Belt and Road Forum for International Cooperation, Beijing welcomed thousands of guests from around the world, including heads of state, heads of government, former politicians, business leaders, experts, scholars, and principals of international organizations. They gathered together in the common spirit of solidarity and mutual trust, equality and mutual benefit, inclusiveness and mutual learning, and win-win cooperation, to discuss how countries along the Belt and Road can work together to make the "pie" bigger and shared by all for mutual benefit.[1] This is a big day that should be remembered as a landmark in the history of the Chinese nation and the world.

The Biography Society of China, which makes it its mission to promote biography writing, shoulders the task and responsibility of telling well the stories of friendly exchanges among people of countries along the Belt and Road. This is also the fundamental duty and task assigned to us by our nation. Therefore, through careful investigation and passionate planning, the Biography Society of China decided to publish a hundred-volume series titled *Remarkable Lives Along the Belt and Road*. This project receives support from the China Federation of Literary and Art Circles and guidance from the National Institute of International Strategy of Chinese Academy of Social Sciences. From last winter till this spring, hundreds of experts were working around the clock on the biographies of a thousand remarkable lives. Here the series is presented to you.

As Confucius said, "Humanity is of humans". Let the lights of those great minds and lives illuminate our future

---

① Xi Jinping, "Promote People-to-People Friendship and Create a Better Future", Speech delivered at the Nazarbayev University, Kazakhstan, September 7, 2013.

path of exploration.

Comments, criticism and suggestions will all be appreciated.

Dr. Wang Li

Chairwoman:

The Biography Society of China

General Editor:

Remarkable Lives Along the Belt and Road

March 8, 2018

目 录

Contents

引　言

公元1900年是中国农历庚子年（鼠年），是一个平年。那一年，中国大地上发生了影响深远的历史事件。以大英帝国、美利坚合众国、法兰西第三共和国、德意志帝国、俄罗斯帝国、日本帝国、奥匈帝国、意大利王国为首的八个主要国家组成的“八国联军”发动了对清朝政府的武装侵略战争。也就是这一年的夏天，甘肃敦煌莫高窟的当家道士王园禄（本名，死后被其弟子改成王圆箓，并被流传）意外发现了封存千年的藏经洞。他到死也没有想到，他的这一意外发现，成了打开中国中古时代灿烂恢宏历史画卷的金钥匙，为全世界重新看待中华文明在世界文明的独特地位和作用开启了全新篇章。直到1907年，一个叫斯坦因的英籍匈牙利人连买带骗，从他手里掠走大批敦煌文物，轰动整个欧洲乃至全世界文化界，王园禄才隐约认识敦煌文化的巨大价值。随后，法国人伯希和、俄国人奥登堡、日本人橘瑞超、美国人华尔纳都采取了不光彩的手段掠夺了大量经卷、彩塑、壁画，敦煌的耀眼光芒吸引了怀揣各种目的的人。“八国联军”侵华战争最终以签订《辛丑条约》收尾，中国完全沦为半殖民地半封建社会，晚清政府成为西方列强统治中国的工具。敦煌莫高窟这颗镶嵌在千年丝路上的璀璨明珠经历了近半个世纪的劫难。

敦煌位于甘肃、青海、新疆三省（区）的交会点。这个面积只有3.12万平方千米的小城市，却因为敦煌曾经的商贸辉煌和博大精深的文化内涵而闻名于世。敦煌东峙峰岩突兀的三危山，南枕气势雄伟的祁连山，西接浩瀚无垠的塔克拉玛干大沙漠，北靠嶙峋蛇曲的北塞山。敦煌地区属暖温带气候，常年降雨量小、蒸发量大，日照充分，无霜期长，为石窟艺术的发展和保存提供了良好的天然条件。

敦煌有着悠久的历史文化。早在原始社会末期，中原部落的三苗人战争失败后就被迁徙到河西繁衍生息。他们以狩猎为主，并逐渐掌握了原始的农业生产技术。敦煌地区曾发掘出新石器时代的石刀、石斧和陶器、铜器。夏、商、周时期，敦煌属古瓜州。战国和秦时，敦煌一带居住着大月氏、乌孙人和塞族人，在较长一段时间内，都能和睦相处。后来，大月氏日渐强盛起来，兼并了原来的羌戎。战国末期，大月氏人赶走乌孙人、塞族人，独占敦煌这片肥沃的土地直到秦末汉初。

西汉张骞出使西域开通丝绸之路。西汉初年，匈奴人经常入侵河西地区，对西汉王朝在此的统治构成了严重威胁。汉武帝即位后，积极进行武力防御和主动进攻，于建元二年（前 139），首次派遣张骞出使西域，联络大月氏、乌孙夹击匈奴。元狩二年（前 121）春，派骠骑将军霍去病统兵从陇西出发，进军河西，大获全胜。汉元鼎二年（前 115），张骞奉命第二次出使西域并顺利从乌孙凯旋，从此，通往西域的丝绸之路顺利开通了，中国的丝绸及各种先进技术不断传入中亚、西亚和欧洲。欧洲、地中海沿岸和西域的玉器、玛瑙、奇禽异兽、农作物等也转运到中原。随着丝绸之路的发展，各国使臣、将士、商贾、僧侣往来不绝，都要经过敦煌这个丝路的要道，敦煌慢慢成为中西交通的“咽喉锁钥”，为西汉王朝统治西域打下了坚实的基础。

东汉至西晋末年，因为战乱频繁，丝绸之路断了又通、通了又断，但敦煌日渐呈现出繁荣昌盛的动人景象，逐步发展成为西北军政中心和文化商业重地。西晋王朝灭亡后，晋室南迁建立东晋政权。广大北方地区出现了“五胡”“十六国”的混战局面。公元400年，李暠在敦煌称王，建立西凉国。敦煌第一次成为国都。此时凉州已成为中国北部的文化中心，而敦煌又是凉州的文化中心。与此同时，中原地区群雄并起，战火连连，百姓背井离乡、流离失所。大批中原地区优秀人才和黎民百姓纷纷逃往相对稳定的河西，带来了先进的文化和技术。由于长期战乱，民不聊生，人们精神无以寄托，所以从印度传入的佛教逐渐在敦煌兴盛。无数百姓企望通过拜佛解脱苦难。敦煌不仅是佛教东传的门户和通道，也是河西地区的佛教中心，一大批佛学高僧经常在敦煌讲经弘法、研习佛学。比较知名的有译经大师竺法护、佛学大师法显、鸠摩罗什等，他们都在敦煌留下了足迹。公元366年，乐僔和尚在三危山下首开石窟供佛，开启了敦煌石窟艺术的千年开掘史。

公元581年，杨坚（即隋文帝）统一北方，在大兴城建立隋朝并定都，结束了北方长达近300年的分裂局面。隋文帝相继平息了突厥、吐谷浑的侵扰，收复河西地区，保证了丝绸之路的畅通并将北周以来的鸣沙县改称为敦煌县。后来，隋文帝又平定了南方割据政权，将大批南朝贵族充边到敦煌，给敦煌带来了南方的文化和习俗。从此，敦煌成为南北汉文化交融重地。隋文帝十分信奉佛教，曾多次下诏各地建造佛舍利塔。因此，隋代虽只存在了 38 年，但在莫高窟竟开 77 个洞窟，且大多数规模宏大，壁画和彩塑风格各异，技艺更是精湛空前。隋炀帝时期，敦煌一带商贸发展迅速，隋炀帝还专门派遣吏部侍郎裴矩到张掖、敦煌一带了解丝绸之路和中西通商贸易情况，并于公元 609 年西巡，在张掖举办了盛况空前的西域 27 国贸易大会。公元 618 年，隋恭帝杨侑让位于李渊，第二年，李渊在长安称帝建立唐朝。唐朝初期，河西全部归唐所属，并肃、瓜、沙三州。贞观十四年（640），唐太宗李世民举兵铲除了以西突厥为主的障碍，确保了丝绸之路的繁荣和畅通。唐朝时期，作为丝路上的要冲，敦煌经济文化高度繁荣，佛教也异常兴盛，此间莫高窟开窟数量多达 1000 余窟。公元 645 年，唐玄奘到印度取经返回也是途经敦煌回到唐朝都城长安的。

“安史之乱”以后，唐王朝由鼎盛开始走向衰落。在西南部日益强盛的吐蕃王朝乘虚进攻河西，攻陷了凉州、甘州、肃州等地，虽然百姓也坚持抵抗 11 年，最终吐蕃王朝统治了全部河西 70 多年。吐蕃王朝也信佛教，后来在莫高窟也发现了大量吐蕃时期的壁画艺术，藏经洞内也保存了大量的吐蕃文经卷。公元 848 年，敦煌本地人张议潮乘吐蕃王朝发生内乱之际，聚众起义，赶走吐蕃贵族，经过十多年的斗争，收复了全部河西、河湟等地并归顺李唐王朝。唐王朝封张议潮为河西、河湟十一州节度使。后来，张氏宗族内乱，其孙张承奉嗣节度使，却叛唐自立“西汉金山国”。而此时，甘州回鹘控制了河西走廊中部地区，丝绸之路几近断绝。为打通东西交通，“金山国”与回鹘交战，却一败涂地，最后只好投降。公元 914 年，张氏绝嗣，金山国亡，沙州长史曹议金取代张氏家族节度使地位，统领瓜、沙二州。曹氏统治期间，注意发展生产，改善同周围各民族的邻邦关系，重视经济文化建设，维持河西地区的稳定局面达 100 多年。

唐朝后期，战乱不断，经济衰退，唐宣宗大中十三年（859）爆发唐末农民起义，经过黄巢的打击，宰相与宦官争权不断，唐朝统治名存实亡。天祐四年（907），宰相派代表人物朱全忠逼唐哀帝李柷禅位，改国号梁，是为梁太祖，改元开平，定都于开封。唐朝灭亡。而此时西北地区的党项族开始兴起并逐步强大。公元 1028 年，党项族战胜回鹘，称霸河西地区，于 1038 年建立了西夏王朝。当时的中国，形成了宋、辽、西夏三足鼎立的局面，从此统治敦煌 100 多年。西夏王朝统治者也信奉佛教，敦煌的石窟艺术也继续得到发展。至今，莫高窟和榆林窟仍然保存着大量西夏佛教艺术，举世闻名的“敦煌遗书”就是在西夏王朝统治时期（1036）封藏于莫高窟内的。

公元1206年，元太祖铁木真（成吉思汗）统一漠北各部族，逐渐强大起来。1227年，蒙古大军灭了西夏王朝，河西地区归元朝统治，敦煌升为沙州路，归甘肃行中书省管辖，元朝西征必经敦煌。在元代，敦煌一度呈现出政治昌明、经济发达、文化繁荣的喜人景象，和西域的贸易也更加频繁。闻名于世的著名旅行家意大利人马可·波罗就是这一时期途经敦煌漫游到中国中原各地的。元朝统治者也信奉佛教，敦煌莫高窟的开凿也因此得以延续，但是开凿规模已经远远小于隋唐时期，现存元代洞窟约10个，千里河西昔日的光彩也逐渐褪去。

明朝开国皇帝朱元璋为扫除元朝残余势力，派冯胜率兵三路平定河西，最终大获全胜，修筑了嘉峪关明长城。为了加强西北边疆的防卫，明王朝在河西设置了关西七卫，公元1405年，在敦煌设沙州卫，后来为抵御吐鲁番汗国的侵扰，保护敦煌，明王朝又在沙州古城设置罕东左卫。但是公元1516年，敦煌还是被吐鲁番占领。于是明王朝于嘉靖三年（1524），下令封锁嘉峪关，将关西老百姓迁到关内，放弃了对瓜、沙二州的统治。此后200年，敦煌再无行政建制，成为政治文化的荒漠之地。

清康熙后期，清王朝渐次收复了嘉峪关关外的地区。清王朝在敦煌重建沙州卫，并开始从各地移民到敦煌地区垦荒定居，同时又将大批吐鲁番、罗布泊的兵民迁徙到沙州一带。清雍正末期，沙州农业得到了较好的恢复和发展，在河西走廊西部形成了良田万亩的戈壁绿洲。公元 1760 年，即清乾隆二十五年，沙州卫改升为敦煌县，属安西直属州管辖，并一直持续至 1911 年。1949 年，中华人民共和国成立后，敦煌一直是县政府所在地。1987 年，经中华人民共和国国务院批准，敦煌撤县立市。

敦煌历经沧桑，几度盛衰，中国文明、古印度文明、古希腊文明、中亚文明，四种古老的旋律在这里汇成了千古绝唱，傲然屹立在中国的西北方。如今，每年都有成千上万世界各地的人来到敦煌莫高窟，当他们看到莫高窟那些精美的壁画和彩塑时，无数人流出了激动的泪水，有的甚至久跪在佛像前而不愿离去。莫高窟的魅力到底在哪里呢？就在那 735 个彩塑洞窟、2400 多身彩塑、4.5 万平方米壁画和数万册各种文字的经卷、文书中。

莫高窟是无名美术大师的殿堂，是不朽的舞蹈艺术博物馆，是永恒的音乐大厅，更是和谐世界的实景图。4.5 万平方米的壁画，幅幅都是绝世的佳作，单一个反弹琵琶舞姿画面就惊艳了世界，甚至成了当代世界舞剧的经典动作。古代无数高超的舞蹈技巧和完美的舞蹈形象都在莫高窟壁画上完整保留下来了，其中驰名中外的飞天，大大小小的就有4500余身，她们当中年纪最大的已经有1600多岁了，而最年轻的飞天也将近600岁。有专家推算，如果把敦煌的壁画按两米的高度连接起来，可以延绵25千米。敦煌壁画还被称作中国乐器的档案馆，如今我们经常在演出中见到的乐器都能够在敦煌找到它们的原始模样。今天我们从莫高窟壁画中，不仅可以看到大唐的琵琶，还可以看到竖箜篌、横笛、排箫、铜箔等。用这些乐器组成的乐队，伴随着美艳的胡姬和优美的胡旋转舞，韵美了上千年。据统计，在莫高窟的窟群中，有乐伎图像的洞窟就达260多个，其中绘有乐器图像6000余件，分为500多种不同类型的乐队，拥有不同乐器40种以上，打击、吹奏、弹拨、拉弦等乐器一应俱全。后来，人们根据藏经洞文物中的古谱破译出的古曲创作出的《敦煌古乐》就是很好的例证。更让人称奇的是，一幅创作于中唐时期的《五台山图》，宽为13.45米，高为3.42米，面积达46平方米之巨，描绘了五台山周圆500米的土地，近200处建筑，428个各种各样的人物！它把从山西太原经石崖关、忻州定襄，和从河北镇州经柳泉店、龙泉店、永昌，多条翻越丛山、跨过溪流、越过关隘险要，最终都抵达佛教圣地五台山的路线及途中的寺庙、村镇，描画得须眉毕现。以至于20世纪30年代初，我国著名建筑学家梁思成沿着图中指引的道路上五台山时，竟能一一找到上千年前的这幅图中画到过的不少建筑！

敦煌莫高窟是彩塑艺术的宝库。敦煌莫高窟保存着10个朝代建造的洞窟中的彩塑2000余尊、浮塑1000余身，其保存的古代彩塑之多，历时之长，技艺之精，为世界所罕见。然而，创作这些彩塑的艺术家却都是籍籍无名。好在莫高窟72窟的壁画上还能让我们依稀看到当年艺术家塑像时的风采。

莫高窟是文化的宝库。然而研究和保护莫高窟成了世界性的大难题。尽管在世界各国学者的共同努力下，研究敦煌石窟艺术和敦煌遗书文献的敦煌学已成为一门显学，但是一位日本学者1981年在兰州作演讲时说："敦煌在中国，敦煌学在日本！"这深深刺激了无数中国人的心灵。尤其是作为敦煌学研究重点的敦煌遗书是莫高窟给世界的惊喜。敦煌遗书是对发现于敦煌莫高窟的一批书籍的总称，它包括敦煌所出2至14世纪的古写本及印本，总数约5万卷，其中佛经约占90%，目前分散在全世界，如大英博物馆、巴黎国立图书馆、俄罗斯科学院圣彼得堡东方学研究所等各处。1910年入藏京师图书馆时，只余8000余件，目前中国国家图书馆藏有16000余件，为该馆四大"镇馆之宝"之一。

这也是所有到莫高窟参观的人一定要到16号窟的根本原因。因为就在16号窟的甬道上有一个将近3平方米的耳窟，但就是这样一个小小的耳窟，它还有个享誉世界的名字叫“藏经洞”，它曾经隐藏着一个震惊世界的秘密，引来了世界各国的探险队、考古队、文物商贩，开始了一个尴尬的中华文明“传播”世界的历史进程，同时也开始了一个包括艺术家在内的无数爱国的中国人开始为之付出青春与生命的保护历程。

当家道士王园禄无意中改变了莫高窟的历史命运，他意外发现了“藏经洞”，并与外国人一同贩卖文物，成了毁誉参半的王道士。国画大师张大千怀着虔诚的艺术之心来到莫高窟，激动不已，屡改归期，并因建言时任国民政府监察院院长的于右任设立敦煌保护机构，从而最终使敦煌的命运发生了转变。“敦煌守护神”常书鸿把一生都献给了敦煌保护事业，奠定了敦煌保护的基业。“大漠隐士”段文杰来到了他向往已久的敦煌，用他如椽之笔与神灵和艺术对话，成为蜚声世界的敦煌学权威。“敦煌女儿”樊锦诗把如花的青春献给了敦煌。正是因为有了他们这样的敦煌莫高窟的守护者，当1987年9月20日“敦煌石窟研究国际学术研讨会”在敦煌召开，著名学者季羡林说出“敦煌在中国，敦煌学在世界”时，各国的学者报以长时间的掌声。敦煌学终于回到了故乡。研讨会的召开，使来自世界各地的敦煌学家会聚在敦煌。敦煌研究院第二任院长樊锦诗说："我们是在沙漠戈壁中搞保护，每前进一步，都需要巨大汗水和勇气的付出，并能耐住寂寞和孤独的挑战，敦煌研究院经几代人努力工作而形成的'敦煌精神'，是我们前进中的动力，这一点永远都不能丢。"正是敦煌研究院的数百名研究者、讲解员、保卫人员等长年坚守在大漠戈壁，甘于与寂寞和清贫为伴，这种"敦煌精神"才得以世代相传。

没有丝绸之路，便没有文化敦煌和敦煌文化。国家发起"一带一路"倡议，把"丝路明珠"敦煌又一次推入了公众的视野，敦煌就像一块青翠欲滴的翡翠镶嵌在金黄色的浩瀚大漠之上。如果说敦煌是世界东方丝绸之路上的一颗璀璨明珠，那莫高窟就是明珠上最闪亮的光点。那就让我们随着王道士、张大千、常书鸿、段文杰、樊锦诗这些莫高窟守门人的足迹，一起去揭开莫高窟的千年之谜吧。

（周由强）

当家道士——王园禄

王园禄道士在世的时候，恐怕死也想不到后世有一位叫余秋雨的文化人在几十年后又把他抛到舆论的风口浪尖。在余秋雨的笔下，王道士是“敦煌石窟的罪人”。那么，王道士到底是谁，他与敦煌有着什么样的恩怨纠葛呢？

1. 谁是王道士

一部恢弘的敦煌文化史，灿若星河，其中最暗淡的大概要算这位王道士了，暗淡到甚至有些卑微，卑微到在敦煌史研究日益发达的今天，我们对他的身世甚至他的本名的了解都少得可怜，而仅

王道士

有的这点了解又模糊不清，至于这位道爷的生活经历和情感世界，就更近于猜测了。不过，只要谈敦煌，最绕不开的似乎也是这位王道士。虽然在有些人看来，他是那么猥琐不堪，但历史就是这么吊诡，把打开一座中国乃至世界宝库的钥匙交到了他手里。当然，以“后视之明”的眼光看来，即便如果没有他，敦煌这座文化宝库也终将被世人发现，即便没有他，这座宝库的荣光也不会减损分毫，但是不管怎么说，毕竟是王道士发现了藏经洞，然后把敦煌带到了世人面前。既然如此，我们不妨先来看看这次发现的经过，虽然它和王道士的身世一样扑朔迷离。

王道士发现藏经洞的时间，应该是在 1900 年，这一点目前已无太大争议，但其具体过程，有多个版本。

其一，引水冲沙说。这个版本出自王道士的徒弟为他所立的塔碑。据说，当时，王道士正在引河水疏通洞中的积沙时，“沙出壁裂一孔，仿佛有光。破壁，则有小洞，豁然开朗，内藏唐经万卷，古物多名”。

其二，天炮震裂说。这种说法主要出自以“王圆箓”名义上报催要经款的《催募经款草丹》中的记载。据说，在清沙时，“忽有天炮响震，忽然山裂一缝，同工人用锄挖之，欣出闪佛洞一所……”。这个说法虽然出自王道士亲口所述，但实在太过离奇，很有可能是他为了催要经款而编造的“神迹”，因此后人采信者不多。

其三，抽烟偶得说。这个说法可以从张大千的文章中看到。按张大千的说法，王道士到了千佛洞之后，许多汉人请他念经。但是王道士当时手边没有经典，在敦煌西门外十里地，有座鸣沙山，山下有月牙池，池水碧清，相传汉武帝得天马，就是此地。当地有座药王庙，庙内有道经。王道士就请了一位杨先生

藏经洞里的经书

抄写许多普通的道经，准备念经之用。就在药王生日那天，大家都去月牙池参加药王会，但是王道士和杨先生两位都没去。杨先生坐在一座洞口,安了一张桌子，抄录经典。杨先生抄经之余，用甘肃特产的蓟蓟（或芨芨）草作为抽烟的纸捻子。吸了烟之后，他把火熄灭，就顺手把这支引火的蓟蓟（或芨芨）草插在墙壁缝内,准备等一会儿吸烟再用。等杨先生再抽烟的时候，发现引火的蓟蓟（或芨芨）草被深深地插入墙壁里了，他就和王道士研究，这墙里头是不是空的。他们用石块敲击墙壁，果然发现是空的。晚上，他俩就打开了墙壁。①

曾有研究者走访仍健在的敦煌研究院老工人范华师傅。他是敦煌本地人，生于 1925 年 5 月，1944 年就到莫高窟工作。据他回忆，当时敦煌民间流传王道士发现藏经洞的过程是这样的：王道士雇人清沙，在清沙的过程中墙壁有了裂缝，有人好奇，用芨芨草试着往里插，深不可测。于是王道士和工人们一道破壁，发现了藏经洞。②

常书鸿先生在《九十春秋——敦煌五十年》中说：“王圆箓在引水冲沙时,无意中把水冲进了 16 窟甬道中，

① 张大千：《细说敦煌》，李永翘编《张大千艺术随笔》，上海文艺出版社，2012 年版，第 66 页。

② 梁红：《王道士流水疏沙与藏经洞的发现》，《敦煌研究》，2010 年第 2 期。

使甬道北壁密室封墙处裂开了一道缝隙。王圆箓用芨芨草从缝中插进去试探，终于发现了这个秘密。于是他打开破壁，发现了现编号第 17 窟的秘密小板门。打开板门，看到了从地面一直堆到洞顶的一卷卷粗布包扎的包裹。”对比这几种说法，我们可以发现基本过程是一致的。综合各家之说，大概可以得出藏经洞发现的真相。

不管哪种版本，王道士都是其中的核心人物，这些版本只是发现的过程不同，但都无法改变王道士作为藏经洞发现者的事实。那么，这个走大运的王道士究竟是谁呢?

实际上，关于王道士的生平，我们现在拥有的唯一确凿无误的信息，大概就是他姓王，身份是道士。至于他到底叫什么名字，他为什么成了道士，就都不太牢靠了。先说他的名字，历来就有多个说法，除了较多被人使用的“王圆箓”之外，还有同音不同字的王园禄，乃至王圆禄、王园箓等。据有的学者整理、研究，现保存于敦煌研究院、上面留有王道士姓名的原始资料，共计 5 种，其中 3 种是王道士在世时形成的，一是光绪三十二年(1906)所立，位于第 16 窟对面的《重修千佛洞三层楼功德碑记》；二是光绪三十四年（1908）五月书写的三清宫匾额；三是清末王道士托人书写的《催募经款草丹》底稿。还有 2 种，则是在王道士去世后形成的，其一是民国二十年（1931）王道士弟子所立《太清宫大方丈道会司王师法真墓志》；其二是民国二十五年（1936）所刻之《重修千佛洞九层楼碑记》，原碑毁于1966年，现碑为2000年5月敦煌研究院重刻。应该说，这五种资料对于辨清王道士的姓名是十分重要的。

在《重修千佛洞三层楼功德碑记》中，王道士共出现了四次，文中的三次都为“园禄”，最后的署名也为“住持王园禄”。在三清宫匾额中，王道士的署名与《重修千佛洞三层楼功德碑记》相同，亦为“住持王园禄”。在《催募经款草丹》中，王道士同样自称为“住持王园禄”。也就是说，王道士在世时留下的三种资料中，均为“王园禄”。

再看他过世之后的情况。在徒子徒孙们为王道士所立的《太清宫大方丈道会司王师法真墓志》中，已去世的王道士被称为：“吾师姓王氏，名圆箓。”“王园禄”变成了“王圆箓”。这也是目前所见资料中第一次出现“圆箓”这个名字。值得注意的是，在这份墓志中，曾经在三清宫匾额中出现的王道士的弟子“赵明裕”也被改了名字，变成了“赵明玉”。有的研究者据此指出，王圆箓本名原作王园禄，见于《重修千佛洞三层楼功德碑记》、三清宫匾额及《催募经款草丹》等三个王道士在世时使用的名字，为什么在碑文中会改为圆箓，其弟子赵明裕也改为明玉呢？这是因为“圆”“箓”“玉”等字较之“园”“禄”“裕”更具道教色彩，而此类改名现象在道教典籍、碑文中并不少见。也就是说，这是一种符合道教习惯的改动。另外，现在的《重修千佛洞九层楼碑记》中确实有“道人王圆箓”的记载，但是就像我们在前面说过的那样，此碑曾于1966年被毁坏，重刻之时，已是2000年，重刻是否还保持了毁坏前的原样，我们不得而知。另外，方广锠还考证过日本龙谷大学所存的一则敦煌遗书材料，上面有墨笔“平（贫）道王园禄法师福琳”云云两行字，方广锠认为，这些字迹应该是王道士亲笔，这既证明了王道士的名字实为王园禄，也说明他的俗家名字为“福琳”。①

除了名字之外，王道士的法号也曾引起争议。有些学者曾提出，王道士的法号是法真，他们的依据就是前面提到过的《太清宫大方丈道会司王师法真墓志》，因为这个墓志是王道士的弟子所立，“王师法真”四个字便被认为是王道士的法号为“法真”。但也有学者不赞同这一说法，他们认为：“‘法真’是其弟子对他的尊称，意为法师和真人。”②

---

① 以上关于王道士名字的考证，方广锠：《王道士名称考》，《敦煌研究》，2016年第4期。

② 荣新江：《王道士——敦煌藏经洞的发现者》，《敦煌研究》，2000年第2期；樊光春：《敦煌道士王圆箓评传》，《中国道教》，2008年第5期。

看来,王道士确实是一个谜一样的人物。既然如此,为了行文方便,我们在接下来的写作中还是称之为“王道士”吧。

王道士大约出生于清朝道光三十年(1850),死于民国二十年(1931)农历四月十八日,活了80多岁,在当时可谓高寿了。根据碑文记载,王道士的祖籍是湖北麻城,出身农家。因为家乡连年闹灾荒,他大概从很小的时候开始,就四处逃荒。所谓“历尽魔劫”,看来年轻时吃过不少苦头,备尝人世的艰辛。或许也因为这个原因,从今天留下来的照片看,王道士的个头不高,一副营养不良的样子。后来,他来到了甘肃西部的肃州(今酒泉)的巡防军中,当了一名士兵。退伍以后,就在酒泉出家当了道士。他的师傅名叫盛道。再以后,他离开师傅,云游到了敦煌莫高窟,就在这住了下来,时间大概在光绪二十四年(1899)或稍前一些,那会儿的王道士大概是50岁,刚到知天命的年纪。

按说这是一个佛教的寺庙,一个道士怎么能当庙里的住持呢?实际上,这并不奇怪。在当时的中国,很多庙宇都是三教合一的,里面什么神都供,和尚管还是道士管,也并不重要,对于老百姓来说,只在乎他们能不能做法事,会不会念经,能不能满足自己求神保佑的需要。应该说,王道士这个住持做得非常敬业，不仅招了几个小和尚帮忙，而且还到处化缘，他自己却过着极其俭朴的生活，省吃俭用，化来的钱，都用在了修缮寺院上。在王道士的心中，跋涉千里到西天取经的唐三藏，也就是玄奘，是他学习的偶像。而这一点，也为后面的故事埋下了伏笔。

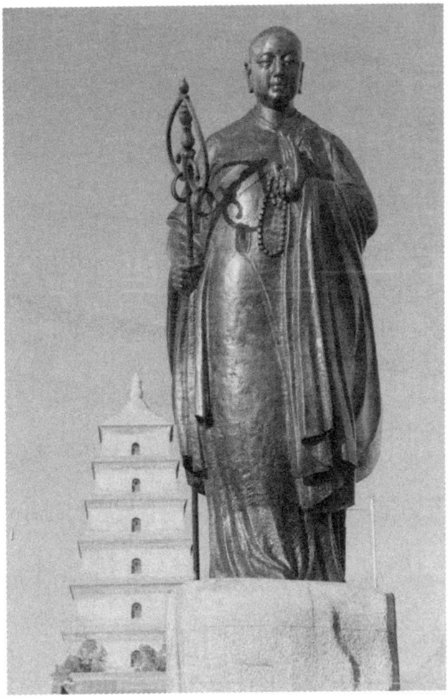

大雁塔前的唐三藏铜像

2. 站在敦煌伤心史的起点上

话说王道士发现了藏经洞，得到了经卷和古画之后，并不知道这些东西有多贵重，但他知道这既然是“古物”，肯定能值一些钱。于是，有人到洞里来看壁画、经卷的话，他就要求人家布施。很快，王道士就把发现藏经洞的消息报告给了县政府。这样，敦煌县知县就成了最早获悉藏经洞消息的政府官员。他就是从 1902 年 4 月起任敦煌县知县的汪宗翰（字栗庵），此人是王道士的老乡，湖北通山县人。据吕钟《重修敦煌县志》记载，“时县令汪宗翰率同文武官绅，大致翻阅一过，约数佛经二万余卷。当时人亦不知重也，有携回一二卷，亦有不携回者。汪县令即吩示王道人善为保存”。也就是说，汪宗翰在得到湖北老乡的报告后，大概在 1902 年，便对藏经洞进行了初步的调查，那时佛经约有 2 万卷，而这批参与调查的文武官绅也有顺走几件的，而这也就开启了敦煌文书流失的历史了。此后不久，陕甘总督崧蕃的幕僚许宝荃（字伯阮）也进入了藏经洞。根据徐珂《清稗类钞》记录：“壬寅（1902），许伯阮游敦煌，得唐人手书藏经五卷。……县令某携佛炉而去，又取经二百余卷。后为大吏所知，遣员至敦煌，再启石壁，尽取经卷而去。闻县令取佛炉，悉熔为金条，以致唐代造像美术，未得流行于世，惜哉！”其中提到的“县令某”，应指汪宗翰，他取走了 200 余卷，还拿走一个佛炉。许宝荃也得到 5 卷藏经，他们都是最早窃取藏经洞文物的人。

藏经洞的发现，也引起了当地文化人的广泛重视。甘肃学政叶昌炽请汪宗翰帮他搜集敦煌碑拓。

汪宗翰在不断给叶昌炽馈赠敦煌碑拓的同时，也附寄一些藏经洞出土的写经和绘画品。据叶昌炽《缘督庐日记》1903 年 12 月 30 日条记载，藏经洞发现后，“当时僧俗皆不知贵重，各人分取。恒介眉都统、张又履、张筱珊所得皆不少”。

恒介眉即恒寿，张又履即张庭武，张筱珊即张元溙，三人俱在甘肃各地做地方官。他们获取的藏经洞文物也应来自汪宗翰，时间应集中在1902年至1903年间。到了1904年春，上峰向汪宗翰下达了将藏经洞文物就地封存的命令。于是，汪宗翰在1904年5月15日再次奉命“检点”藏经洞文物，又顺手牵羊拿走了一些绘画。1916年出版的上海广仓学宭丛书《艺术丛编》第3册上刊布过一幅《唐画大士像》，上面有汪宗翰的题记，内容如下：“甘肃敦煌县千佛洞宋初石室所匿唐画大士像。光绪卅年四月朔（1904年5月15日），奉檄检点经卷画像毕，迎归署中供养。信士敦煌知县汪宗翰谨记。”所谓“迎归署中供养”，其实就是巧取豪夺的文雅说法罢了。汪宗翰“检点”完后，命令王道士将藏经洞文物封存于洞中，并负责照看。1906年3月，汪宗翰被调回兰州，黄万春接任敦煌县知县。黄到任后，于1906年7月至8月间向清朝学部呈交了一册《敦煌县乡土志》，其中说：“县治南四十里千佛洞，光绪庚子孟夏，新开沙压佛龛，乃掘得复洞，内藏番汉释典、铜铸佛像、纱绢绘造佛像。”这是敦煌县政府第一次向朝廷汇报发现藏经洞的消息。[①]而此时，距藏经洞的发

① 王冀青：《藏经洞文物的发现与流散》，《文史天地》，2016年第11期。

现已经6年之久，而这6年之中，文物已流失了不少。王道士肯定亲身参与了整个过程，面对哪个都比他尊贵的官爷，王道士的真实内心活动如何，因为缺少材料，我们不得而知，想来这些文人雅士、官家老爷，没有兴趣去观察和记录一个老道士的想法，但可以想见的是，各级官员在检查、参观等名义下取走敦煌藏宝时，也不会想到问一问王道士的意见，而可怜的王道士，除了迎来送往，低头哈腰，唯唯诺诺之外，又有什么办法可想呢？

据说，王道士也曾想过直接向更高的官员汇报藏经洞的情况，至于此举实为了保护文物，还是借机化缘，甚或只是为了谋求一些个人利益，我们无法确知。某一天，他雇了两头驴，自己骑了一头，另一头驮着经卷，从敦煌到安西，从安西到玉门县，然后出嘉峪关，找到了当时的父母官廷栋。于是，敦煌史上又一个扑朔迷离的重要人物出场了。

从1942年至1943年，画家谢稚柳曾到敦煌实地调查王道士发现莫高窟藏经洞之后的活动。在1949年2月出版的《敦煌石室记》中说："王道士颇机诈，思借之以贸利，私载经卷一箱至酒泉，献于安肃道道台满人廷栋。廷栋不省，以为此经卷其书法乃出己下，无足重。王道士颇沮丧，弃之而去。时嘉峪关税务司比国人某将回国，来谒廷栋。临行，廷栋出数卷赠之。"

谢稚柳在作画

此后，这一说法就广为流行，被很多人采用。

张大千也是这样说的：“王道士拿一箱经卷，献给廷栋，廷栋对古物不大了解，而且敦煌的东西又从来没有听说过，他以为这位道台大人会赏他许多银子，哪知廷栋对他说：‘你这个东西古是古的，可是这个字还没有我写得好！’一瓢冷水浇，王道士既得不到赏钱，还要化了缘才能回去。于是拿剩下的一箱经卷，这家人捐他五分银子送一卷；那家人捐他一钱银子送两卷，最后，王道士回到了嘉峪关。”按照张大千的说法，王道士把经卷送给了当时的嘉峪关监督比利时人林以镇。林以镇后来回欧洲经过新疆，又把经卷送给了驻在新疆迪化的将军长庚。“长庚是一位武官，也不懂这些经卷是什么东西，就留了下来。……长庚把这些经卷拿给斯坦因看，斯坦因虽然也看不懂，但他知道这些经卷是一千多年前的墨迹，那在中国就不得了啦！一定是宝贝，就瞒过长庚，私下到千佛洞去一探究竟。”①

但是，也有学者对此作了研究，发现廷栋确实和敦煌的渊源颇深，他藏有总数近千卷的敦煌文书，也就是后来敦煌研究史上所说的“廷栋旧藏”，但是王道士当时根本不可能见到廷栋。

廷栋，号云谱，满洲镶黄旗人，1866年出生于北京。廷栋家世代为官，居住在北京顺城郡王府之西。廷栋的父亲裕仲仁在同治年间宦游西北。1870年，廷栋四五岁时，跟随父亲到过甘肃省，住在敦煌一带，还到过莫高窟。后来，他返回北京生活。1885年，廷栋参加科举考试中举，此后，先在北京做小官，曾任直隶州州判。1892年，经吉林将军长顺调遣，转往吉林府任职。1894—1895年，中日甲午战争期间，廷栋随长顺驻扎辽阳前敌行营，负责城防和练军事宜。甲午战争后，因军功受到嘉奖，升为四品。1904年，廷

① 张大千：《细说敦煌》，李永翘编《张大千艺术随笔》，上海文艺出版社，2012年版，第67–68页。

栋任锦州府知府。次年，他离开东北，转任安肃道道台，他的前任和尔赓额则升任四川按察使。而由于工作转交等关系，直到1906年下半年，廷栋方才来到甘肃。在和尔赓额离任和廷栋到任之间，就有了一段空隙。而且，当廷栋到达甘肃后，驻扎凉州（今天的武威市）的甘凉道道台一职尚空缺，陕甘总督升允就要求廷栋先署任此职。也就是说，1906年秋，廷栋是在凉州任职，1908年，廷栋才离开凉州，向西担任安肃道道台。在这两年间，他又一次重游莫高窟。很有可能，此时的廷栋已经结识了王道士，并从他手中得到了一些写经。但是，如果谢稚柳和张大千所述不虚，那么王道士骑着毛驴去拜见的那位不看重敦煌文书价值的安肃道道台，应该是满人和尔赓额，[①]而不可能是廷栋，一来时间对不上，二来廷栋对敦煌文书的价值是有充分认识的，绝对不会弃之不顾。

不过，值得注意的是，从此开始，王道士也开始了就敦煌文书与洋人打交道的历史。按照前文所引谢稚柳的说法，廷栋把敦煌文书送给了“嘉峪关税务司比国人某”，也就是张大千说的林以镇。[②]其实，这一说法同样经不起推敲。这个林以镇，通行的汉名为林辅

① 王冀青：《廷栋旧藏敦煌写经入藏时间辨正》，《学习与探索》，2008年第3期。

② 张大千：《细说敦煌》，李永翘编《张大千艺术随笔》，上海文艺出版社，2012年版，第67–68页。

臣，是一个颇具传奇色彩的来华“淘金客”。按照1882年《中俄伊犁条约》的规定，“准俄商前往肃州（即嘉峪关）贸易，货帮至关而止，应得利益照天津一律办理”。从此，嘉峪关开始设立海关，海关关址设在肃州北城门外。第一任税务官，就是这个林辅臣，他是比利时人，本名为保罗·斯普林格尔德（Balu Splingaerd）。说来显赫，这个职务是北洋大臣李鸿章亲自推荐担任的。

那么，林辅臣又如何与李鸿章扯上关系的呢？话要从头说起，1842年，林辅臣出生在比利时布鲁塞尔郊区的一处农村。20岁时，在布鲁塞尔服兵役，23岁以仆人身份随四位天主教传教士来到中国，先在内蒙古崇礼县西湾子（现在属于河北省）落脚。因为他负责给传教士做联络、采购等打杂的活儿，和当地老百姓打交道比较多，汉语进步很快，讲得也不错。1868年，26岁的林辅臣离开崇礼来到北京，做了一个“洋北漂儿”，在德国公使馆谋了一份警察的差使。在北京期间，他更加深入地学习中国的语言和文化，又结识了地质学家德国人李希霍芬。这位李希霍芬可是个大人物，正是他把古代中国通往西方的交通要道命名为“丝绸之路”的。一来二去，李希霍芬就雇用了林辅臣做自己的助手和翻译。就这样，林辅臣跟随李希霍芬走遍了中国北方，也进一步了解了中国的风俗人情，成为名副其实的中国通。而李鸿章因为对矿业感兴趣，经常阅读李希霍芬发表在《华北先锋》刊物上的文章，由此而知道了林辅臣，并选定此人担任第一任肃州税务官。就这样，林辅臣来到了肃州，从 1882 年到 1896 年，在肃州居住了整整 14 年。但是，我们不得不遗憾地指出，早在 1896 年，林辅臣就已经离开肃州了。而藏经洞发现于 1900 年，也就是说，即便藏经洞甫一发现，王道士就去献宝，也不可能碰到这个比利时人。因此，谢稚柳和张大千的说法并不准确。

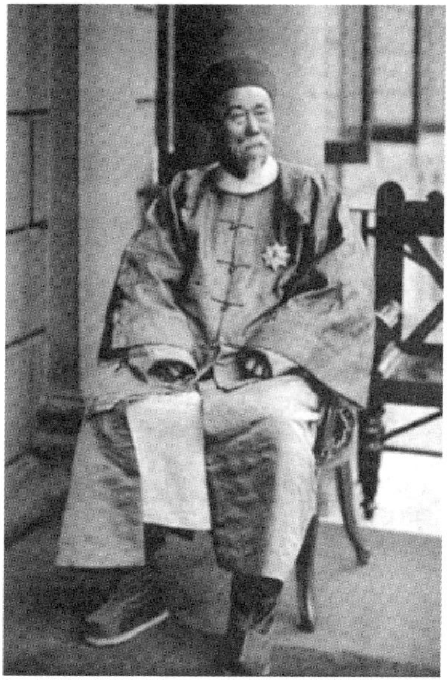

李鸿章

所以，第一个与敦煌藏经洞接触并从王道士手中获取文物的外国人，可以肯定是斯坦因，而非林辅臣。

与王道士相比，斯坦因的资料可太多了。

这不仅是因为他与敦煌的孽缘，而且是因为他本身就是一位世界知名的学者。1862 年 11 月 26 日，斯坦因出生在匈牙利布达佩斯，排行老三。斯坦因除了本民族的匈牙利语外，自幼便精通德语。学习过程中，他知道了两个让他引以为榜样的人：马可·波罗和玄奘。

斯坦因

正是在《马可·波罗行纪》和《大唐西域记》的感染下，斯坦因确立了去东方探险和考古的人生目标，而玄奘更是在日后成了他与王道士惺惺相惜的精神纽带。

1902 年，在德国汉堡召开的东方学家大会上，匈牙利地质学家洛克济（Lajos Lóczy）做了关于敦煌的报告，这是斯坦因首次听说敦煌。洛克济是 1879 年首次访问敦煌的欧洲人之一。那时只有两名僧人长年住在这个几近废弃的地方。尽管洛克济的专业是土壤和岩石研究，但他还是看出了洞窟中佛教壁画的重要性。斯坦因对亚洲产生兴趣与洛克济有很大的关系。

1900 年至 1901 年，斯坦因开展了他的第一次中亚探险，主要发掘和田地区和尼雅的古代遗址，其旅行记就是《沙埋和田废址记》，正式考古报告是《古代和田》。1906 年至 1908 年，斯坦因开展了第二次中亚考察，并于 1907 年春从新疆进入甘肃敦煌考察。第二次探险队的成员跟第一次的差不多，包括照顾骆驼马匹的人、会拍照的测量员、仆人，以及厨子。加入队伍的还有一名能在沙漠中穿行几百公里而不迷路的信使。他的任务是去临近的城镇取送斯坦因的邮件以及英属印度政府以银锭的形式下发的拨款。在新疆，斯坦因的“突厥语”，也就是维吾尔语口语能力很有用，但甘肃的主流语言是汉语。为了方便交流，在英国驻喀什领事的推荐下，斯坦因雇了一名名叫蒋孝琬的中国师爷做秘书。此人不懂维语，因此最初交流有些困难。斯坦因从未学过汉字，但是两人一起旅行几个星期之后，斯坦因的汉语已经足够表达自己的意思了。这位被斯坦因称作“蒋师爷”的人，在后来与王道士打交道的过程中，发挥了重要作用。

在向敦煌进发的路上，斯坦因从一个躲债的穆斯林商人口中听说，敦煌洞窟里的东西远不止壁画。而且他还知道了发现这些宝物的人是王道士。然而，当斯坦因和他的秘书蒋孝琬第一次来到敦煌时，王道士出门化缘去了。他们借此机会在崖边的洞窟边转了转。这些洞窟完全露天且无人看守。与其他斯坦因发掘过的遗址不同，敦煌是一处有宗教活动进行的地方，所以斯坦因不敢过于声张，他本想把活动限制在拍照和画图之内。然而，事情后来的发展完全和他最初的预料相反。

1907 年 5 月 15 日，斯坦因再次回到千佛洞。当时的王道士，已经砌了一堵墙封住了藏经洞唯一的出口。

斯坦因对王道士正在努力兴修的洞窟表示出了很大兴趣，王道士因此十分兴奋。

经过蒋师爷几次交涉，王道士终于拿出了一卷写经，借给斯坦因研究。这卷汉文写经正好是玄奘署名翻译的一部佛教经典，这给斯坦因带来“灵感”。斯坦因决定不再与王道士讨论学术和考古，改为唤起他对求法僧玄奘的记忆。他伪装成玄奘的信徒，甚至表示要捐钱做一尊新的玄奘“泥塑”。这对王道士产生了极大的迷惑作用。在某一天夜里，王道士终于拆除了封堵藏经洞的砖墙，把藏经洞这个宝窟暴露在了斯坦因面前。就这样，以所谓的“唐三藏”为中介，三人达成交易。

在1907年5月21日至6月12日期间，斯坦因在莫高窟进行所谓“考古”，并分别于5月28日、6月6日两次从王道士手中骗购藏经洞文物140捆至150捆。6月12日，斯坦因离开敦煌。同年7月，敦煌农民3000人起义。起义农民攻占县城,打死巡勇,烧毁县署。正在河西考察的斯坦因听到这个消息后，决定趁火打劫，于10月初从安西派人潜回莫高窟，又从王园禄手中骗购第三批藏经洞文物约230捆，然后迅速撤入新疆境内。1914年,斯坦因最后一次回敦煌又买了600卷。

1929年，在哈佛的一个讲座上，斯坦因自豪地向听众讲述了他在敦煌的经历。当斯坦因于1914年回到敦煌时，王道士热情地欢迎他，并向他展示一份账目，上面详细记载了自己是如何用那些钱翻修洞窟的。“考虑到官方对于他（王道士）所珍视的这些文书的处理方式，他非常后悔自己当时没有足够的勇气和智慧接受我通过蒋师爷提出的建议将经卷全部卖出。”斯坦因觉得，因为自己付给王道士的钱比其他人都多（中国政府没付钱），他当时应该能买下全部经卷并将其运出中国。其实，1929 年时，已有很多欧洲和中国学者都认为中国文物应留在中国，但扬扬得意的斯坦因依然不觉得把文书和文物从中国运走有什么不对。①

这里，我们还需要说一下蒋孝琬。他是湖南（一说湖南湘阴）人，这是一个和王道士几乎同样神秘的人物，我们对于他的资料了解极少，基本全来自斯坦因的记录。清光绪年间，蒋孝琬来到新疆，在县、州行任师爷。光绪十五年（1889）后，在新疆莎车衙门任职。据斯坦因的记录，蒋氏身体状况很好，思维敏捷，能言善辩，文化素质较高，古文功底相当不错，对古物与考古有兴趣，也很见长于古物鉴赏。由于斯坦因基本不通中文，一路上对出土物文字的释读、文物的认识与鉴别、资料整理等工作都由蒋氏负责。更为重要的是斯坦因和当地政府官员的交涉，以及雇用人工，

① 梁红：《王道士流水疏沙与藏经洞的发现》，《敦煌研究》，2010 年第 2 期。

甚至于一些简单的基本生活问题，也是由蒋氏出面，不仅仅是因为语言文字的关系，更为重要的是蒋氏本来是在官府做过事，深谙此道，加上他本身所特有的素养与气质，使得蒋氏在疏通关系方面出入自如。他们每到一地访当地官员，都是由蒋氏作为主要调节人，这样就为斯坦因的考察活动提供了极大的方便与保障。起初，他们在和王道士打交道的过程中，并不是十分顺利，因为王道士心存疑虑，加上官府也早已有令，不让王道士出卖藏经洞文物。斯坦因由于语言的障碍，又是洋人,因此根本无法与王道士交涉。所有这些工作，几乎由蒋孝琬全权处理。[①]所以，相较于王道士的无知，其实更值得谴责的是蒋师爷的无良，在敦煌文物流失的历史上，他所犯下的罪孽远远大于王道士。

斯坦因之后，王道士又结识了敦煌史上的另一个重要外国人，这就是伯希和。

伯希和，1878 年出生于巴黎，中学毕业后开始就学于巴黎大学，主修英语，后入法国汉学中心学习汉语，继入国立东方语言学校，专攻东方各国语文历史。曾师从法国汉学家 E.E. 沙婉（1865—1918）等人学习，致力于中国学研究。1901 年，年仅 22 岁的伯希和受聘为法兰西远东学校教授，在集中研究印度支那乃至整

① 沙武田：《帮助斯坦因盗取敦煌藏经洞文物的中国“师爷”蒋孝琬》，http://public.dha.ac.cn/Content.aspx?id=311005363647&Page=2.

个东南亚历史地理的同时，潜心汉籍目录版本的检索，开始尝试使用历史语言学的比较考证法来研究用汉语转写的外国人名地名，并关注中国的外来宗教和异教派别，以后又钻研中国佛教的起源与道教的关系，由此注意到中国与印度、西域的联系，其成果很快为汉学界所瞩目。

伯希和

大概在斯坦因离开一年左右，1908 年 2 月 25 日，伯希和到了莫高窟。伯希和发现，千佛洞石窟数量众多，内容极其丰富，但并非所有洞窟都值得研究，例如，17 号洞窟“很小，没什么意思”。16 号石窟也是“很小，常见的风格，没什么”。有一个洞窟激起了伯希和很大的兴趣，但藏经洞上了锁。一名僧人诚惶诚恐地向伯希和解释说，发现藏经洞的王道士受甘肃兰州官府委托担当看守人，但他现在不在，去敦煌县城化缘了。没办法,伯希和只好立即赶往敦煌县城寻找王道士。王道士倒是答应伯希和可以进入藏经洞，但让他先行返回，自己随后即到。而等王道士到了莫高窟，却又告诉伯希和藏经洞的钥匙忘在敦煌县城了，得让人去取。无奈之下，伯希和只好继续等。王道士对伯希和说，斯坦因在洞中考察过三天，买走一批写本。他还说，斯坦因付给他一笔钱，数量可观。伯希和自然听明白了王道士的言外之意。当伯希和终于如愿以偿地进入藏经洞时，立刻被眼前的宝藏惊呆了。“当我进入二点五米见方的洞中，发现里面三面墙上都堆满一人多高的书卷，每面墙都有两三层卷子。大量藏文写本夹在两块木板之间，用绳子捆着，堆放在一个角落里。其他书捆里也隐约可以看到一些汉文和藏文文字。这是激动人心的一刻。”①伯希和从敦煌莫高窟劫走6000余种文书，此外还有200多幅唐代绘画与幡幢、织物、木制品、木制活字印刷字模和其他法器。

他将所劫文物全部运往巴黎。

1909年夏天，伯希和经日本汉学家、典籍收藏家、东京文求堂店主田中庆太郎介绍，在苏州胡同的寓所里见到了考古学家、敦煌学家罗振玉，为其展示了所获敦煌文献中的《老子化胡经》《尚书》残卷等十余种，并送给他一些敦煌文献照片。罗振玉大为惊奇，如获至宝，立即就伯氏所带的部分经卷写了一份提要——《鸣沙山石室秘录》，刊入《国粹学报》，又将这些残卷影印编为《敦煌石室遗书》。此后，二人关系日趋密切，学术交流频繁。

---

① 菲利普·弗朗德兰：《伯希和传》，http://www.peoplearts.cn/News/News_63807.html.

罗振玉

伯希和在挑选经书

从1910年至1913年期间，伯希和从法国源源不断地给这位相识不久的中国学者寄来了包括古典籍、地志、图经、星占书、阴阳书、古类书等敦煌写本的影照，这又形成了罗振玉的《鸣沙室佚书》。

伯希和离开敦煌后，不停地有外国人为了这批宝藏找到王道士，而王道士也不断地出售敦煌文书。1912年，日本的橘瑞超和吉川小一郎探险队到达敦煌。

橘瑞超是日本净土真宗本愿寺派僧侣，佛教遗迹探险家，早年就读于京都真宗中学，甚得西本愿寺法主大谷光瑞青睐。1908—1909年参加大谷探险队第二次西域探险。由野村荣三郎领队指挥，从北京出发，取道张家口、库伦等地进入新疆，遍访古城（今奇台）、乌鲁木齐、吐鲁番、楼兰、和阗、叶尔羌和喀什噶尔

橘瑞超

等处。橘瑞超到达敦煌的时间是1912年1月末，路旁的树还没有发芽，两边地里看不到一片绿叶，一片荒凉寂寞的景象。橘瑞超写道："在敦煌停留期间，我访问了那个著名的石窟寺即千佛洞。如名所示，数以千计的佛、菩萨被安置在石窟内，并且秘藏着数千卷古代经文，近年欧洲学术界的学者没有不知道这个名字的。……1908年斯坦因博士由此所获古代经文的大部分在伦敦博物馆展出后，更是家喻户晓。为此中国政府严禁买卖古寺中秘藏的宝物。"然而，当时衰弱政府的禁令并没有什么实质作用。橘瑞超自1月26日到敦煌，2月7日离开，其间也来到了莫高窟，在今428窟甬道边南壁留下了铅笔书写的"橘"字。橘瑞超在回忆中说，他们在敦煌停留了大概10天，"该办的事情处理妥善"，就离开了。[①]在这里，他对所办之事语焉不详，实际上，他从王道士手里弄走500余卷敦煌文书，现藏龙谷大学图书馆及京都有邻馆等地。这件事，从他的同行吉川小一郎等人所著《丝路探险记》中有关敦煌的几则日记中可以看到一些蛛丝马迹。

① 橘瑞超：《橘瑞超西行记》，柳洪亮译，新疆人民出版社，1999年版。

橘瑞超在新疆、西藏高原考察时，适值中国辛亥革命爆发，其影响也波及新疆、敦煌等地。此前几个月，他将许多发掘物及行李已先期运往了敦煌，准备运往日本。此时虽然局势不稳，但他也只能冒险前往传说中即将受到革命党“进攻”的敦煌。在这里，他一度与日本国内失去了联系。因此，吉川小一郎奉命前往敦煌找寻橘瑞超的下落。在吉川小一郎的日记中有如下记载：

“今天房东方面两个维吾尔人加上我和从仆共四人去了敦煌千佛洞。上午十点出发，朝东南偏东方向行约二十四公里，于下午两点到达千佛洞。这个千佛洞与桥子的佛洞相比，要壮观得多，数量也多得多，一天也看不完。打算和僧人交流，获取藏于此洞的唐经。经过长时间的商谈，终于达到了目的。具体情况留待下一次记。当天下午六点返回。”这里所说的桥子佛洞位于今甘肃瓜州桥子村东南约 30 公里山谷中的东千佛洞石窟，现存有壁画洞窟 9 个，其中第 2 窟为西夏时期开凿，为东千佛洞最为精美的洞窟，现存有世界上最早的唐僧取经图，东壁甬道北有吉川小一郎铅笔题记。

“今天想去千佛洞，加紧赶了两个半小时，直接进入洞内，取了经文的残片，马车和从仆到下午六点多才追上来。我们决定住在这个堂内的客房。隔壁住了一位藏族画僧，是一个非常滑稽的活宝，对早晨的诵经非常认真。”“今天打算巡览各洞，但是只看了下层的洞就花了三个半小时。”“上午九点起床，给洞内的唐代壁画照相，傍晚，拓本匠从敦煌来了。”“今天让拓本匠在洞内拓印。我到第二层看看各洞并照相，第二、三层很危险，很多地方带着相机上不去。在第二层的栋木上刻着这样的纪录：义军节度使特进检校太师兼中书令西原王曹忠之……”“今天是中国农历九月初一，爆竹声震到洞内。到今天为止，千佛洞的踏察工作已大体结束。”“早晨仔细察看洞窟，在众多的佛像中，选出两尊做工最为精巧、损伤也少的佛像，和僧人交谈之后买下了，装入行李。”“千佛洞的僧人来了，对他的关照，给了十二两银作为谢礼。”“千佛洞的僧人来了，听他说，为了修理洞窟，与肃州进行了交流，但因为是非常时期，没能从衙门要到大笔钱。因此来我这儿，想卖掉所藏的唐经。但我看他拿来的东西质量都不太好，我让他拿一些质量更好的东西来，他却不肯答应。”

相比而言，橘瑞超的日记就更加含糊：“在敦煌逗留期间的某一天，我访问了有名的岩洞寺院千佛洞。千佛洞名副其实，有数千尊佛像、菩萨安放在洞窟之中，还密藏着数千卷古经文。斯坦因博士共带出二十七箱，据说其中五箱是古代佛画。我也搜集到一些斯坦因博士剩下的、藏匿于僧人手里的东西。”

但我们把两份记录对照起来，依然可以发现，橘瑞超和吉川小一郎都从莫高窟获得了经书。他们没有明说是从何人手中所得，只是提到“僧人”。但按照推测，此人应该就是王道士。因为只有他有私自藏匿藏经洞经书的条件，并且此前他已与斯坦因、伯希和等外国人打过数次交道，深谙个中秘密，可谓业务熟练。正如吉川小一郎所讲，他去城里后，僧人还拿一些质量不好的藏经去卖给吉川，说明此时的王道士手中已无多少经书，抑或是与外人打交道多了，懂得讨价还价，以次充好了。[①]

在敦煌古物中分得一杯羹的还有俄国人。

1914 年至 1915 年，俄国奥登堡探险队剥走北魏、隋、唐、五代等各时期壁画多方，并盗走一些塑像，拿走的藏经洞遗存文书具体数目目前无法确知。奥登堡（1863—1934），是俄国探险家，生于后贝加尔州。1885 年彼得堡大学东方语言系梵文波斯文专业毕业，获得副博士学位，留校任教。1900 年为俄国科学院研究员，1908 年被选为院士。1903 年创建俄国中亚研究委员会，以后又组织几次中亚考察队。

奥登堡是推动俄国进行中亚考察活动的主谋和积

① 宋利良：《有关日本大谷探险队吉川小一郎、橘瑞超在敦煌活动的几个问题》，http://public.dha.ac.cn/Content.aspx?id=345192061496&Page=3.

奥登堡

极推动并身体力行者，先后制订过几个计划和建议，均受到俄国政府的重视。1909 年 6 月 6 日，以奥登堡为队长的俄国考察团正式从圣彼得堡出发，其成员有画家兼摄影师杜丁、矿业工程师兼地形测绘员斯米尔诺夫、考古学家喀缅斯基、考古学家助手彼特连柯及后来雇用的翻译霍托。此次考察主要是对喀什、吐鲁番、库车等进行考察发掘，收获的文物和资料分存于艾尔米塔什博物馆和东方学研究所档案室。奥登堡之后从事了详细的资料整理与研究工作，发表了一系列考察成果，因此而获得协会的最高奖赏——一枚大金质奖章。1914 年 5 月，沙俄第二次考察团成立，成员有画家兼摄影师杜丁、矿业工程师兼地形测绘员斯米尔诺夫、画家宾肯贝格、民族学家罗姆贝格及 10 名辅助人员和一名中国翻译，考察的地点是敦煌石窟。由于这次敦煌石窟的考察的想法由来已久，加上经费宽余和人员构成的合理与考察队伍的庞大，因此想对敦煌石窟进行全面彻底的考察。考察团在离开之前做了充分准备，制订了详细的工作计划，包括绘制洞窟平面图、剖面图、崖面层次平面图，确定了摄影对象，准备了复描的想法，是要对洞窟进行详细的文字记录，目的是完成大型考古报告。1914 年 8 月 20 日，考察团到达千佛洞。在敦煌期间，他们详细研究了洞窟壁画与彩塑，认真进行了摄影、复描、绘画、测绘、考古清理、发掘和记录工作，这可以说是史上第一次对敦煌石窟的全面研究，工作量之大，让人惊叹。考察团的工作是在敦煌最为寒冷的冬天进行，一直进行到 1915 年初。当时世界形势发生了变化，第一次世界大战的爆发，中国参战的消息使他们恐慌，不得不结束了考察，于 1915 年 1 月 26 日起程回国。他们不但带走了千佛洞测绘的 443 个洞窟的平剖面图、拍摄的 2000 多张照片，还剥走了一些壁画，拿走了几十身彩塑，复描了几百张绘画，记录了详细的资料，也带走了莫高窟南北二区洞窟中清理发掘出来的各类文物，加上在当地收购的文物，如各类绘画品、经卷文书等，装满了几大车，浩浩荡荡地离开了千佛洞。奥登堡考察团回国后，他们的资料分成两部分：文献移交亚洲博物馆，今天的东方学研究所；艺术品、地形测绘资料和民族学资料、考察记录和日记等存入俄国博物馆、民族学博物馆、地理学会等各博物馆，后全部收藏在艾尔米塔什博物馆东方部。现在藏于此博物馆的敦煌文献与艺术品等主要包括：雕塑、壁画、绢画、纸本画、麻布画以及丝织品等。

其中幡画66件、绢画137件、纸本画43件、壁画14幅、彩塑28尊、织物58件、近2000张照片等。而藏于东方学研究所圣彼得堡分所的佛经文书约有20000件。[1]

而最野蛮的掠夺者则是美国人华尔纳。

1924年，华尔纳到达敦煌，此人堪称不折不扣的强盗。他得到藏经洞文书三卷，并盗走唐代供养菩萨一尊。随后用特制胶布粘走珍贵壁画中他认为最为精彩的部分，总面积320平方米。华尔纳揭取壁画的方式极其无知、愚蠢、拙劣、粗暴，导致珍贵的千年壁画受到了无可挽回的致命摧残。

华尔纳

华尔纳1903年毕业于哈佛大学，1906年留学日本，专攻佛教美术。1923年7月，华尔纳一行到达北京。1924年1月，华尔纳来到敦煌莫高窟，当时藏经洞中的宝藏早已被瓜分得一干二净。在经过参观考察之后，华尔纳决定进行壁画剥离和彩塑的搬迁方式，进行文物盗劫。为了顺利进行工作，华尔纳给了王道士一些礼物，王道士就同意他揭取壁画，

① 沙武田：《有组织的劫掠——奥登堡敦煌考察团》，http://public.dha.ac.cn/Content.aspx?id=317204648162&Page=2.

华尔纳雇用当地农民凿下石像

他用特制的胶布，用涂有黏着剂的胶布片敷于壁画表层，剥离唐代精品壁画 20 多块。因为华尔纳的破坏行为已使当地老百姓十分气愤，他们向王道士责问此事。王道士从此不得不靠装疯卖傻地过日子。[1]曾与华尔纳同往敦煌的陈万里在《西行日记》中记载："千佛洞分上、中、下三院，下院为盗卖古物已十余年之王道士所居。二十日在月牙泉席上，据说王已得精神病，此次往游千佛洞时，闻余等至，即趣避他往。询之庙祝，亦谓精神尚好，则前日之传言有精神病者，或冀免官厅之惩办欤。" 1926 年 12 月 26 日华尔纳给斯坦因写的信中也说到王道士的结局："只能找到一丝真实的影子，那

① 沙武田：《真正的强盗——华尔纳》，http://public.dha.ac.cn/Content.aspx?id=856243361688&Page=2.

就是我曾经给王道士赠送了一点点钱，只有 75 两，可是这个数字也被夸大到 10 万银圆，村民们因此去找王道士，要求和他分享这笔钱。王道士当然拿不出这笔现金来，于是村民们就以死来威胁他。王道士只能装疯卖傻，才躲过了这场灾难。翟荫去敦煌的时候，随身带着我过去的翻译员，这位翻译员在前一次随我访问敦煌时对王道士极为友好。但是此时王道士竟然不认他，躲得远远的！”[①]

不论是出于对文物流失的义愤，抑或是对分赃不均的怨恨，当时的王道士已不容于乡里了，只能装傻卖痴度日。正因为如此，当他 1931 年去世时，他的弟子得到当地绅耆允许之后，才敢为他们的师傅立了一块泥制的墓碑。

3. 千秋功罪任评说

长期以来，关于王道士的评价众说纷纭。余秋雨的《道士塔》大概是影响最大的。余秋雨在这篇流传甚广的文章中写道：

> 莫高窟门外，有一条河。过河有一溜空地，高高低低建着几座僧人圆寂塔。塔呈圆形，状近葫芦，外敷白色。

① 王冀青：《华尔纳与中国文物》，转引自荣新江文。

从几座坍弛的来看，塔心竖一木桩……夕阳西下，朔风凛冽，这个破落的塔群更显得悲凉。

有一座塔，由于修建年代较近，保存得较为完整。塔身有碑，移步读去，猛然一惊，它的主人，竟然就是那个王圆箓（注：园禄）！

历史已有记载，他是敦煌石窟的罪人。

我见过他的照片，穿着土布棉衣，目光呆滞，畏畏缩缩，是那个时代到处可以见到的一个中国平民。他原是湖北麻城的农民，逃荒到甘肃，做了道士。几经转折，不幸由他当了莫高窟的家。（余秋雨：《道士塔》，《文化苦旅》，东方出版中心，2001 年版）

当斯坦因用唐僧故事欺骗王道士，获得了他的信任，取得了 9000 多个经卷，500 多幅绘画，打包装箱就整整花了 7 天时间。最后打成了 29 个大木箱，原先带来的那些骆驼和马匹不够用了，又雇来了 5 辆大车，每辆都拴上 3 匹马来拉。而王道士呢，只是取得了 130 英镑。“这点钱，对王圆箓来说，毕竟比他平时到荒村野郊去化缘的所得，多得多了。因此，他反而认为这位‘斯大人’是‘布施者’。”

不过，在《斯坦因西域考古记》中，王道士是另外一副模样。“他（王道士）将全部的心智都投入这个已经倾颓的庙宇的修复工程中，力图使它恢复他心目中这个大殿的辉煌……他将全部募捐所得全都用在了修缮庙宇之上，个人从未花费过这里面的一分一银。”1910 年清政府作出决定，把剩余的敦煌卷子全部运往北京保存。在运送的路途中，几乎每到一处都失窃一部分。大量经卷的散失，曾经使王道士感到非常痛心，因为藏经洞是他发现的，多年来在他保管期间从未发生过无故大量散失的事，官方如此掠夺，又如此贪心，使他感到极大的愤慨。1914 年斯坦因第二次到莫高窟后，王道士对他说了一段令人深思的话，《斯坦因西域考古记》是这样记述的 :“说到官府搬运他所钟爱的中文卷子致受损伤，他表示后悔当时没有勇气和胆识，听从蒋师爷的话，收了我那一笔大款子，将整个藏书全让给我。受了这次官府的骚扰之后，他怕极了，于是，将他所视为特别有价值的中文写本另外藏在一所安全的地方。”

而比较客观平直的评价则来自哲学史家任继愈 :“斯坦因从印度来到敦煌，他打听到了王道士的这一发现，于是用金钱来诱使王道士给他看看。”王道士一看是个外国人，以为是“八国联军”的逃兵，马上提高了警惕 : 在景区转一转可以，看经书，绝对不行。“斯坦因便说自己是玄奘的忠实信徒，谎称自己是沿着玄奘取经返回走过的路，历经艰辛才来到莫高窟，希望一睹大唐留下的经卷。”王道士虽不信佛，但《西游记》

的故事小时候要饭还是经常有机会听说书的艺人讲过。于是就答应让这个外国人瞅一下。“斯坦因不看便罢，一看就发现了唐代高僧玄奘从印度带回的经卷汉文译本。心中高兴得不得了。但此人十分狡诈，为了欺骗王道士，就不动声色地说，自己十分崇拜玄奘，玄奘法师在天之灵暗示着要我把这些经书带回到佛国印度去。王道士被骗相信了……”

不管怎么样，王道士的下场以及后人对他的评价都并不圆满，即便他的弟子将其名字中改入了一个“圆”字，依然无法改变这个结局。这一结局，或许与他缺少文化有关，也或许与他的人格缺陷有关，但肯定与当时兵荒马乱的时局有关。在这样一个内忧外患的乱世，敦煌宝藏横空出世，赤手空拳的王道士即便有道行、有法术，也未必能挡得住巧取豪夺的洋贼和国贼，更何况，他只是个半路出家的退伍兵呢。

还是让我们用王道士的弟子为他所立的碑文来结束此文吧。

> 夫吾师姓王氏，名圆箓，湖北麻城县人也。风骨飘然，尝有出世之想，嗣以麻城连年荒旱，逃之四方，历尽魔劫，灰心名利。至酒泉，以盛道，道行高洁，稽首受戒，孳孳修炼。迨后，云游敦煌，纵览名胜，登三危之名山，见千佛之古洞，乃慨然曰：“西方极乐世界，其在斯乎！”

于是修建太清宫，以为栖鹤伏龙之所。又复苦口劝募，急力经营，以流水疏通三层洞沙，沙出，壁裂一孔，仿佛有光。破壁，则有小洞，豁然开朗，内藏唐经万卷，古物多名。见者惊为奇观，闻者传为神物。此光绪廿五年五月廿五日事也。呜呼！以石室之秘录，千百年而出现，宜乎？价重连城，驰名中外也。观其改建三层楼，古汉桥，以及补葺大小佛洞，积卅余年之功果，费廿多万之募资，佛像于焉庄严，洞宇于焉灿烂，神灵有感，人民受福矣！惟五层佛楼规模粗具，尚未观厥成功。陆前县长嘉其功德，委为道会司以褒扬之。今者羽轮虽渺，道范常存。树木垦田，成绩卓著，道家之香火可继，门徒之修持有资。实足以垂不朽而登道岸矣！夫何必绝食炼形而后谓之飞升哉！

（胡一峰）

敦煌壁画拓荒者——张大千

一部敦煌文化史，藏着无数神秘的谜团，似乎每一个被敦煌吸引的人，都会发生许多让后人争论不休的故事。张大千就是其中之一。有一种说法，张大千破坏甚至盗取敦煌壁画，早在20世纪40年代，这些流言蜚语就已经大盛特盛，并曾多次见诸各地报端。但也一直有人为他辩诬，比如，1988年1月，国家文物委员会主办的《中国文物报》，就通版发表了长篇调查报告《中国文物

张大千

界中的一桩大冤案——记张大千“破坏敦煌壁画”一案的来龙去脉》，中新社又以《张大千“破坏敦煌文物”历史疑案已被澄清》为题发了通稿，国内外的许多媒体曾纷纷转载。文中指出：“无数不可辩驳的证据表明，张大千先生是清白的，无辜的，他没有破坏敦煌壁画！”“他对于敦煌艺术的功绩，将永载史册！”张大千怎么会来到敦煌，到底如何评价他在敦煌史上的功过呢？

1. 一次改变历史的远行

今天，到敦煌的人还能看到莫高窟上的编号，这是张大千在 70 多年前留下的。张大千是中国第一个到敦煌的著名画家，同时也是第一个把敦煌艺术大规模介绍给世界的大画家。

1899 年 5 月 10 日，张大千出生于四川内江。兄弟十人，另有一姐。张大千排行第八，乳名小八，名正权，又名权。“大千”这个名字，是他在 1919 年冬于松江禅定寺（今已不存）出家时，由住持逸琳法师为他所取的法名，出于佛经《智度论》卷七，是“三千大千世界”的略语。

小时候的张大千跟随哥哥、姐姐读书识字，但他在绘画上的启蒙者则是他的母亲。张大千的母亲曾氏善绘民间剪纸花卉。而自号“虎痴”的二哥张善子的熏陶指引，也对张大千的艺术之路影响颇深。

他的四哥张文修在资中教私塾，故大千也就从四兄就读古籍，在课余常随兄赴资中，游览山水名胜，培养了对自然的审美意识。良好的家庭文化氛围对他起到很好的启蒙作用，同时也为他打下了坚实的国学基础。1911 年 9 月，张大千就读内江天主教福音学校（华美初等小学）。三年后，就读于重庆求精中学，后来又转到江津中学。1917 年，18 岁的张大千东渡日本，在京都公平学校学习染织，课余，自学绘画、治印。1919 年,完成学业的张大千从日本回国,来到上海，投入上海名书法家曾熙、李瑞清门下。

和近代许多艺术家一样，1925 年，张大千在上海宁波同乡会馆内，举办了他平生第一次画展，展出的作品以山水画为主，共有 100 幅作品，每幅作品的售价一律定为大洋 20 圆，展出没几天，他的 100 幅作品全部卖完，一鸣惊人。从此，张大千走上了卖画为生的职业画家道路。在以后的卖画展中，他的画少则每幅以两（黄金）计，多则每幅以条（黄金）计。尽管价格昂贵，但作品每每告罄，销路极好，成为典藏家竞相寻觅的珍品。中国画坛的一颗明星就这样冉冉升起。在上海期间，他着重对石涛的艺术进行了研习，用了大量精力学习石涛的绘画，获得了“石涛专家”

的美誉。

1936年，应徐悲鸿之聘，任中央大学艺术科教授。1937年，卢沟桥事变爆发，张大千回到四川。据其子张心智回忆："父亲一向好客，家里各行各业的朋友不断前来，其中有一位叫严敬斋的，曾担任过国民党'中央政府监察院'驻甘（肃）宁（夏）青（海）的监察使，他多次向父亲介绍甘肃敦煌莫高窟石窟艺术。父亲对此极感兴趣。"而据张大千晚年自述，他对敦煌的向往之心萌发得更早："谈起敦煌面壁的缘起，最先是听曾、李两位老师谈起敦煌的佛经、唐像等，不知道有壁画。抗战后回到四川，曾听到原在监察院任职的马文彦讲他到过敦煌，极力形容有多么伟大。我一生好游览，知道这古迹，自然动信念，决束装往游。"

著名学者林思进在《大风堂·临抚敦煌壁画集序》中则说："吾友张君大千，夙负振畸，究心绚素，名高海内，无暇拙言。其平生所抚宋元法画至夥，顾犹未足，更思探月窟，问玄珠，乃裹粮具扉，西迈嘉峪，税驾瓜沙……间特告余，此不徒吾国六法艺事之所祖，固将以证史阙，稽古制。而当时四夷慕化，取效中州，其衣冠文物，流行于今之欧西新世者何限，吾所以勤力为此者，意则在斯。"可见，张大千赴敦煌的动机和目的是为了穷探六法的根源，实现他探求六朝隋唐真迹的愿望。[1]

1941 年 5 月，张大千带着家眷、门生等数人离开成都，取道兰州、青海，奔赴敦煌。张大千自述："我到敦煌，是在民国三十年三月间，带同家人前往，千佛洞离敦煌四十里路。离城十里皆为绿洲，接连三里较多沙，土著称为沙窝，然有廿余里戈壁，白昼酷热，须在入夜后方可行走。我去敦煌的目的是为了描绘唐人的彩塑，当然也为了观摩壁画。但因未见到斯氏和伯氏的出版物，尚不知有如此多而且好的壁画。及至初抵莫高窟，灯下观看洞中的壁画，觉得非三个月时间从事临摹不能竣事。翌日再看十数个洞，觉得半年之内也无法离开莫高窟了。"[2]

对此，随行的张心智回忆得更加详细："到达了目的地莫高窟，这时已是晚上 11 点多钟了，当晚住宿在下寺。父亲和范老先生稍事休息，便急切地带了电筒、蜡烛开始参观下寺附近的一个大石窟。这座石窟高大且深，又因为是夜晚，石窟里更加漆黑，但从微弱的光圈中，能看出石窟中间是一座倚山而坐的大佛，高达数丈。在石窟甬道的北面有一小耳洞，父亲进入耳洞用电筒四面照看，在正面墙上见有彩绘侍女一身，

---

① 魏学峰：《论张大千临摹敦煌壁画的时代意义》，《敦煌研究》，2006 年第 1 期。

② 张大千：《我与敦煌壁画》，李永翘编《张大千艺术随笔》，上海文艺出版社，2012 年版，第 76–77 页。

面部丰满，眉目清秀，服饰线条柔和而有力，一手持杖亭亭立于菩提树下。父亲赞叹不已，反复观察，久久舍不得离去。”①

张大千在当地聘请的藏族画师助手，也对张大千的敦煌艺术之旅印象深刻。其中的一位名叫夏吾才让的青年画师，几十年后回想起当年的情形，依然历历在目。“大约在1941年春，准备去敦煌临摹壁画的张大师冒着高原的寒风，先行来到宗喀巴的诞生地塔尔寺，聘请临摹壁画的助手，购买画料。那年，我正跟伯父在塔尔寺绘画。十分幸运地被张大千大师相中，和其他四位师兄弟一起跟随他到敦煌，与他临摹壁画。我初见他时，他约五十来岁，穿浅灰色长袍，一身标准的汉族文人打扮，留着浓黑的胡子，个头不高，老练稳重，说话很和气。我们住在一个叫彭措昂噶日德的庙宇里，住了约三个月。他和我伯父商量之后，决定带我们五个徒弟到敦煌为他临摹壁画。”张大千给画师的工钱并不少，年龄较大、手艺较高的项杰和多杰先木每天五块白洋，夏吾才让和杉知卜每天两块白洋，多杰仁饮每天给一块白洋。这是一笔不小的开支，但张大千全部靠卖画收入自费支出。张大千除了带着画师临摹，还给他们讲解绘画与历史知识的关系和释迦牟尼佛的历史以及佛教史。临摹工作快结束时，张大

① 张心智：《张大千敦煌之行》，《敦煌文史资料选辑》（第一辑）。

千和五位藏僧画匠合影留念。临别的前一天，还为大这几位从塔尔寺来的藏僧画匠饯行。①

张大千原打算在敦煌停留三个月，但与敦煌朝夕相处三个月之后，张大千越发舍不得离去，一直待了两年七个月。在这将近三年时光里，敦煌成就张大千，张大千也成就了敦煌。但同时，如本文开头所说，敦煌和张大千之间也留下了一桩迷案，多少年来，每过一段时间就会被人拿出来翻炒一次。既然如此，就让我们从这桩公案入手，说说张大千与敦煌那些不得不说的故事吧。

2. 双面张大千：历史罪人还是民族功臣

在百度输入“张大千”“敦煌”这两个关键词进行搜索，我们会看到迥然不同的两个张大千，一个是保护敦煌艺术的民族功臣，一个是疯狂破坏珍贵壁画的历史罪人。而关于张大千与敦煌之间的恩恩怨怨，每隔几年总会被翻出来，引起热议。

2000 年 8 月 22 日，上海《新民晚报》发表了一篇文章，名为《张大千在莫高窟留下的问号——揭开敦煌宝库一历史谜团》。作者在文中写道：

① 《18 岁那年，我陪张大千临摹敦煌壁画》，赵清阳整理《青海省政协文史资料集萃》，引自“醍醐”微信公众号。

张大千临摹壁画

“到敦煌莫高窟参观的人们，如果细心一点，会发现一些洞窟的壁画留下了人为剥损的痕迹，使原先绘在窟墙表层的精美艺术永远消失了。这是谁干的事情？记者16年前自费考察敦煌时，讲解员隐约地提到了某一个人。之后，记者再次赴敦煌采访时，决心证实和揭开这个谜团。任何对不起敦煌艺术瑰宝，以致对不起中华民族文化的行为，都应该受到历史的审视。1941年至1942年，国画家张大千两次赴敦煌莫高窟临摹壁画，在那里逗留的时间加起来一年多，剥损壁画的事情就发生在这期间。敦煌研究院陈列中心执行馆长罗华庆在回答记者询问时指出，张大千剥损的壁画总共有30余处。莫高窟始建于公元366年，在一千多年的漫长历史中，后人往往把前人绘制的壁画用泥土覆盖，再画上新的壁画，使相当多的洞窟内形成了数层壁画的奇观。张大千在临摹时，经常把表层的后期壁画剥去，以探视隐藏在里面的早期壁画。他的目的，或许是为了使自己看到更多的古代艺术，或许是不让他之后赴敦煌临摹的画家领略这些珍品，这一做法无疑是相当自私的，它使敦煌壁画蒙受了一次灾难，今人再也无法见到那些被剥去的艺术瑰宝了。100年前，王道士为了整修莫高窟而向外国人出卖藏经洞文物。相隔40年，张大千一面宣扬敦煌艺术，一面却为了个人私欲随意剥损敦煌壁画，这是愚昧时代的两个悲剧。”[①]

文章发表后，被许多媒体转载，不但在国内引起巨大反响，而且在海外也引起广泛关注，比如，在日本东京出版的《中国语日刊》全文转载，并把标题改为《国画大师张大千曾破坏了敦煌壁画》。

实际上，这并非张大千第一次受到此种指责。早在20世纪40年代，便有人对他的做法提出过质疑和批评。比如，1941年，考古学家卫聚贤亲眼看见张大千在千佛洞内，“先绘最上一层，绘后将其剥去，然后又绘再下一层，渐绘渐剥”[②]。同年，教育部“西北艺术文物考察团”来到千佛洞考察，该团团长、雕塑家王子云也认为张大千临摹敦煌壁画实际上造成了破坏。他在《从长安到雅典：中外美术考古游记》中说：“我们（临摹的）目的是为了保存原有面貌，按照原画现有的色彩很忠实地把它摹绘下来，而张大千则不是保存现有面目，是恢复原有面目。他从青海塔尔寺雇来三位喇嘛

① 国学网：http://www.guoxue.com/?p=1309.

② 傅斯年、李济致于右任函，写于1942年12月5日。该函原件现藏台湾“中研院”。

画师，运用塔尔寺藏教壁画的画法和色彩，把千佛洞因年久褪色的壁画，加以恢复原貌，但是否真是原貌，还要深入研究，只令人感到红红绿绿，十分刺目，好像看到新修的寺庙那样，显得有些‘匠气’和‘火气’。”[①]

1942年，史学家向达随西北考察团前往敦煌，也看到张大千“组合十余人，作临摹工作，任意勾勒原画，以便描摹，损坏画面，毫不顾惜”“最令人愤恨者，为任意剥离壁画一举。千佛洞各窟，往往有为北魏隋唐原开、经五代宋元人重修者。画面偶尔剥落破损，原来面目，暴露一二。张氏酷嗜北魏隋唐，遂大刀阔斧，将上层砍去，而后人重修时，十九将原画划破，以使灰泥易于粘着。故上层砍去后，所得者仍不过残山剩水，有时并此残山剩水而亦无之者。如张氏所编三〇二号窟，窟外经宋人重修，张氏将宋画剥去，现唐人所画二天王像，遂续将此窟门洞宋人所画一层毁去，下乃一无所有，而宋人画已破碎支离，不可收拾矣。诸如此类，不一而足”[②]。

向达当时就致信傅斯年、李济，希望他们通过于右任阻止张大千的做法。这些史料，现在都成了批张者的绝好炮弹。

① 王子云：《从长安到雅典：中外美术考古游记》（上），岳麓书社，2005年版，第70–71页。

② 向达致傅斯年函，1942年11月5日。向达致曾昭燏函，1942年11月5日。

同时，除了“旁证”，批张者还从张大千自己及其随行人员的记述中寻找蛛丝马迹，欲将此做铁案。比如，1944 年，国立敦煌艺术研究所成立后，就对敦煌壁画的临摹方式作了规定，把玻璃纸印模的方法列为“绝对禁止”。1948 年，所长常书鸿本人更是在《大公报》刊文说：“研究所……近来已绝对禁止两项过去已成了习惯的不合理的方法。其一是用玻璃纸在壁画上直接印模画稿，其二是用液体喷在画上帮助显示漫漶的壁上题记。千佛洞的壁画都是用粉质的颜料画成的，画的时候是和有胶质的，但经过千百年时间，有些因为氧化作用，变色之后大部浮表在壁画面上，严重松散，很像霉糊物体表面的绿苔。假如要在上面刻画、加水，可以想象得到的，这种损坏壁画的措置是如何样子的不合情理。我想一切爱护敦煌壁画的人都应该一致反对这种谋杀性的行动。”[①]

而根据随侍张大千敦煌之行的张大千的儿子张心智的回忆，张大千临摹敦煌壁画的方式正是这种后来被明令禁止的“用玻璃纸在壁画上描下来”[②]。《张大千年谱》的记载则更详细地说明了张大千是如何临摹的：“先生临摹的方法是：先以大幅玻璃纸（透明纸）依壁画原作勾出线条初稿，各部记下原作颜色，然后将此

① 常书鸿：《从敦煌近事说到千佛洞的危机》，上海《大公报》，1948 年 9 月 10 日。

② 张心智：《张大千敦煌之行》，收入《敦煌文史资料选辑》（第一辑）。

纸贴在木框绷着的画布背后，迎着阳光照射，用柳炭条先在画布上勾出影子……”[①]

除了临摹方式对壁画的破坏外，另一项对张大千的指控是，为了看到内层的壁画，不惜把外层破坏掉。这同样有张大千自己的“供词”和第三方证词。张大千自己曾提及，“甬道两壁画，几不可辨，偶于残破处，隐约见内层朱色粲然，颇以为异，因破败壁，遂复旧观”。而向达也曾在洞窟中见到张氏的题壁感怀：“辛巳八月发现此复壁有唐画，命儿子心，率同画工□□、李富，破三日之功，剥去外层，颇还旧观，欢喜赞叹，因题于上。蜀都张髯大千。”曾随张大千在敦煌工作的谢稚柳，在晚年的回忆中也说：“当年，张大千在敦煌，的确打掉过两幅壁画。……我到敦煌之前，这两幅壁画的外层，已经给张大千打掉了，所以我没有亲眼看见打掉的过程。……知道这件事的，除了我，还有当时张大千请来为他缝画布、钉画框的几位青海喇嘛，和当时一些在敦煌的人。”[②]

综观对张大千的指责，其实都可以归为两类：一是采取不恰当的临摹方式，在临摹过程中对敦煌壁画造成了伤害；一是为了看到内层壁画，破坏外层壁画。

① 李永翘：《张大千年谱》，四川省社会科学院出版社，1987 年版，第 152 页。

② 郑重：《画家、理论家谢稚柳》，《朵云》第七集，上海书画出版社，1984 年版，第 140 页。

当然，还有张大千偷盗壁画等指责，但那些带有更加强烈的捕风捉影性质，真正值得考察的还是上述两方面。

为张大千辩诬的人也不少，比如前文提过的当年的藏族画师助手，在回忆中说："大师在敦煌临摹壁画时曾出现过一件令人惊奇的事。当时的国民党《中央日报》曾发表一则消息，说什么张大千在敦煌临摹壁画，有破坏文物之嫌，行政院还发电报给敦煌县长，对张大千施加压力。从此以后，张大千破坏敦煌壁画的谣言就四处流传。事实并不是那样，我是见证人。我一直在他手下临摹，对他的一言一行都很清楚。在临摹过程中，一天他发现一个小洞孔，敲了敲里面是空的，而这个洞口上也没有画，他就将洞口弄开，发现里面又有一个洞。当时我也跟他进去察看，只见正上方和左右壁上有画。洞有一间房子大。这并不存在他破坏敦煌壁画的问题，实际是有些心怀嫉妒的人怕他出名，故意造谣生事，给他施加压力，企图赶走他，人有了名气，也就有了对立面。"①

而在这方面用力最勤的当属四川省社会科学院的研究员、被称为"张大千研究首席专家"的李永翘先生，在前面提到的《新民晚报》文章发表后，他当即在《人

① 《18岁那年，我陪张大千临摹敦煌壁画》，赵清阳整理《青海省政协文史资料集萃》，引自"醍醐"微信公众号。

民日报》（海外版）撰文反驳。李永翘还根据当时甘肃省官员、事件亲历者窦景椿的记载，还原了莫高窟第130号窟被破坏的真相。

1941年10月5日（农历中秋节），张大千陪同来西北视察的国民政府监察院院长于右任以及部分甘肃省及敦煌县的军政官员等一行20余人，参观莫高窟，到第130号窟时，发现墙上有两面壁画与墙壁底层的泥土分离，表面被火烟给熏得黑沉沉的，并有挖损破坏的痕迹，这是1920年白俄士兵所为。坏壁上面的佛像，似为清人建造。因过去信佛者修建洞壁画像，常把旧洞加以补修，改为己有，但此洞原有画像，欲盖弥彰，从上面坏壁的缝隙中隐约可见里层画像的衣履，似为唐代供养人画像。张大千先生向于右任作了解释，于右任点头称赞说这很名贵，但并未表示一定要拉开坏壁一观。当时敦煌县政府的随行人员，为使大家尽可能看到底层画像的究竟，遂手拉着上层坏壁，不慎用力过猛，撕碎脱落。就在这两堵败壁被打掉不久，“适有外来的游客，欲求张大千之画未得，遂向兰州某报通讯，指称大千先生有任意剥落壁画，挖掘文物之嫌。一时人言啧啧，是非莫辩”[①]。

这两堵败壁的表皮被撕碎脱落后，露出了底层唐朝天宝年间（742 — 755）的两幅供养人画像。张大

① 人民网：http://look.people.com.cn/GB/channel22/187/1762/200011/09/6458.html.

千后来将此二图仔细临摹了下来，做了公开巡回展览，并在他后来公开出版的《张大千临抚敦煌壁画展览目次》中，又公开宣布说："此窟为唐晋昌郡太守乐庭瑰所建之功德窟，至宋时重修，故今壁画，俱为宋人手笔。清同治时，敦煌有白彦虎之乱，莫高窟重遭兵火，宋壁残阙，甬道两旁壁画，几不可辨。（表壁）剥落处，见内层隐约尚有画，因破败壁，遂复旧观。（内）画虽已残损，而傅彩行笔，精英未失，固知为盛唐名手也。在窟内东壁左，宋画残阙处，内层有唐咸通七年（866）题字，然犹是第二层壁，兼可知自唐咸通至宋，已两次重修矣。"①

十多年后，在2014年出版的《张大千传》中，李永翘再次重申了这一观点。

综上，笔者的看法是，如果有新的史料问世，当然可以对张大千是否破坏了敦煌壁画做出更加细致的史料考辨和"史实重建"，但仅就目前掌握的资料看，以今人的文物保护观念和意识要求张大千，多少有些苛刻，前文提到的《新民晚报》的报道中采访过的罗华庆也认为报道是"有失偏颇"的，他说："在接受该记者采访时，我只是说，用现在的眼光来看，当年张大千剥损壁画的行为是一种破坏。"敦煌学专家樊锦诗则表示："我们敦煌研究院的人绝不会说张大千

① 李永翘：《张大千从未毁坏过壁画》，《寻根》，2001年第2号。

破坏了壁画。”1965年她来敦煌时，莫高窟尚处于缺乏管理的状态，“乱得很”，更何况在20世纪40年代。当时，这里还曾用作马鸿逵骑兵的马厩。张大千来临摹壁画期间，人员进出很杂，谁也不能肯定说被毁坏的壁画就是张大千所为。张大千至今留下的明显痕迹，只是对洞窟的编号，而编号是研究工作必须做的。[①]今天，如果因为张大千采取了错误的临摹方式导致壁画损坏，而对张大千在敦煌艺术保护和宣传方面所做出的贡献视而不见，就更有些一叶遮目，不见泰山了。让我们把重点转移到敦煌对张大千的影响，以及张大千对敦煌的研究上来吧，那样会在这个问题上得到新的收获。

3. 张大千对敦煌的历史贡献

张大千对敦煌的历史贡献，大体上可以分为以下三个方面。其一，研究敦煌，通过对莫高窟编号、记录和研究，为人们绘制了欣赏敦煌壁画的导游图。其二，宣传敦煌，在国内外宣传、介绍敦煌这一民族艺术宝库。其三，评价敦煌，从画史的角度，对敦煌壁画的艺术价值做出定位，为确定敦煌在艺术史上的地位提供了参照系。

① 凤凰网：http://art.ifeng.com/2015/0727/2371618.shtml.

研究敦煌壁画的拓荒者

张大千到达敦煌时，莫高窟千佛洞已经经历了千年的风沙吹拂，残破的境况惨不忍睹。这个中华民族的艺术宝库，在此前至少经历了三种劫难："第一种是新疆回人白彦虎之乱，对画有所损伤；第二种是民国初年，白俄五百余人流浪至莫高窟，设炉灶、挖土坑，生火熏烟，对画摧残不少;第三种可以说是本地人所为。他们每逢每年四月初八千佛洞的庙会，群往烧香，支炉生火，伸手抓羊肉和煮麦片，人马住宿，久之对画自有损伤。另外，还有一次，约在一九二四年，美国人华尔纳用化学方法，以树胶布粘去壁画二十方。尚有已涂药水，未曾粘去者十数处。"[①]这显然是不利于对敦煌的研究和欣赏的。在张大千之前，法国人伯希和也对千佛洞进行过编号，但他这么做的目的是为了方便摄影，被认为没有摄影价值的，就没有编号，因而十分凌乱。用张大千的话来说，"在我未去之前，千佛洞也曾有过编号，那是法人伯希和所编……如果就我的顺序来看，一、二、三、四洞，伯氏均未列入编号，因为他不需要摄影。他编号由第五洞起，中间又跳跃好多洞不编，若是他回头发现第二洞还有摄影价值，他又编为四十五号。除了数目字而外，他又用A、B、C、

---

① 张大千：《我与敦煌壁画》，李永翘编《张大千艺术随笔》，上海文艺出版社，2012年版，第79页。

D英文字母，故而零乱不堪，毫无系统”[①]。张大千率领门人弟子辛苦工作了整整五个月时间，一边清沙，一边重新编号。他的编号方法是：“根据河流的方向由南而北，由下层转折而上，故第五层仅余晚唐景福年间所凿一窟及余所编号之三百零五洞，如是者五层，有规则地编了三百零九洞。我用长方形的马口铁皮完成空洞字目，令人用手按在壁上，然后用排笔蘸墨刷之，字大约四五寸，于是窟号显然。我所编列的三百零九洞，加上耳洞等附号，其数为四百零七窟。”[②]这一编号具有很强的实用性，如果只是去游览的，顺着大千先生编的号，不会走冤枉路，一天可以浏览完毕309个洞窟。

除此之外，张大千还对有纪年的壁画，进行分类比较，确立了各时期作品的风格流派和承启关系，考订各时期风俗习惯以及各个朝代的衣冠制度，对敦煌艺术有了较全面的认识。

他把壁画的内容分为九类。一、佛像，“所有佛像、菩萨像、观世音菩萨、贤劫千佛、天王、夜叉、飞天等，皆属此类。”二、人像，“所有比丘、比丘尼、近事男、近事女、供养人、男女、国王、夫人、昆仑奴等，皆属此类”。三、鸟兽，“所有虎、豹、龙、凤、狮子、鹿、

① 张大千：《我与敦煌壁画》，李永翘编《张大千艺术随笔》，上海文艺出版社，2012年版，第77页。

② 同①，第78页。

孔雀等，皆属此类”。四、花木，“所有各种花，如莲花、罂粟花、蝴蝶花、山茶花等，皆属此类”。五、楼阁，“所有房舍及极乐世界楼阁皆属此类”。六、器用，“所有香炉、旗幡、冠服、鼎、瓶、舟、车、床、肩舆等，皆属此类”。七、故事，“所有经变、地域变、佛传图、出行图等，皆属此类”。八、山水，“此类多附属故事楼阁，比较少见”。九、图案，“所有藻井之团花、方格、花边、各种鸟兽纹，皆属此类”。其中，佛像是最主要的。[①]经过对敦煌壁画的研究，张大千一反流俗以为壁画是工匠所为的观点，认为这些画应该是出自名家之手，并提出了五条理由。第一，“据史传所载，在佛画盛行时期，凡画佛像都一定要延请高手名家来做这庄严的工作，这是有一定的道理，普通的工匠哪里能胜任这种工作呢？”第二，“如果画佛都是工匠所为，那么何以画史上所记载的画佛名手如此之多？”第三，“因为画佛是一种宗教上的工作，要极其神圣庄严，才能表达自己的信心，启迪他人的崇敬。如果不是名手，焉能胜此巨任？”第四，“因为画佛风气盛行，大家都争奇斗胜，因为这个缘故，必定争取聘请高手来做这种工作。”第五，“敦煌在当时虽为荒凉之区，但在海运未通以前，由南朝到宋代，全是中西交通的大道。

① 张大千：《谈敦煌壁画》，李永翘编《张大千艺术随笔》，上海文艺出版社，2012 年版，第 83 页。

在这中外俱瞻的地方，大家争造佛像，哪能不找名家高手来显示我们崇高的艺术？又岂是工匠们所能做的呢？”

张大千认为，敦煌壁画是集东方中古美术之大成，敦煌壁画代表了北魏至元一千年来我们中国美术的发达史。他对历代画风进行了总结，元魏时代骨体放肆而粗野，用笔很放犷，画像多半是清而瘦的；西魏时代用笔奔放，但在敦厚方面欠缺，风骨清空放荡，矫健清劲有余；隋代很凝厚纯正，放肆粗野风气没有了，深厚委婉的作风渐渐显露起来，神采、气质和西魏迥然不同。而此后的唐代、五代、西夏，画风又发生历史性变化。在潜心研究敦煌壁画心得的基础上，张大千把敦煌壁画的整体特征概括为以下四个方面。

其一，规模的宏大。张大千认为："我们中华民族伟大力量的表现，在工程方面，如秦始皇的万里长城、隋炀帝开凿通南北的运河，这都是世界所称颂的。至于艺术方面，自古到今，虽然有建筑、壁画、塑像、雕刻等，但是规模都不算很大；就是有规模稍大的，经过历代变乱，到今天已是好多看不见了。而还留给我们欣赏的，在雕刻方面，只有山西云岗石刻和河南龙门造像，够得上规模宏大。这还是受佛教影响的关系，所雕佛像，全部是专家设计，由工匠凿成的，在艺术上的价值，恐怕比不上敦煌的壁画。我们可以想见西北沙漠中，有矗立的一座大山，依山来凿石窟。从前想来有二三千窟，现在还存在完全的约四百窟，栉比鳞次，绵亘一里多长，高处达到四层的洞，洞内四壁都是画像。每一壁我们姑且拿三尊佛像来看，那么一洞至少十二尊佛像。以现存四百窟计算，总有三千尊佛像。这是何等伟大的工作！”

其二，技巧的嬗递。张大千认为：“不管他的作风是粗犷、是温醇、是率野、是富丽、是清劲、是丰腴，总而言之，我们先不必存一个预判高下的见解，是要就他们各时代的作风，来看出艺术进步的过程、转变的痕迹，和流派不同之点。为什么初期总是苟简荒率；次初期总是比较有了进步；中期总是做到灿烂光辉，达到炉火纯青、艺术最高潮的进步；后期的总是比中期稍行退步；最后期一定走上衰落不振的阶段，这当然与风会有关。而风会之所以形成，也就可以说是国家文化消长的枢机，画坛人才盛衰的表现。”

其三，包孕的精博。在张大千看来，要造成一个画家，不但本人要有绘画的天才，最要紧的还是要有机会临摹古人名作，越是看得多，得到的益处就越多。但是，一生能看几十件北魏王元真迹已是了不起的眼福了。“然而敦煌的画壁，所画佛像总不下数千幅！我们且不问他的时代如何、作风如何、派别如何，我们试想一下，世界上哪有能够收藏到一千三百余年间名手高作几千件的！以时代论，便经过北魏、西魏、隋、唐、五代、西夏六七个朝代；以画手论，不管是北方南方中国外国，无所不有（北魏、西魏、西夏均异族，然多濡染华风）；以画派论，人物、花木、树石、宫室、舟车，更是无所不备。”

其四，保存的所得。张大千说，先民在艺术方面留下的宝藏的确不少，但今天能看到的寥寥无几。因为战乱、自然灾害以及保存的不得法，古人名迹越来越少，这是自然的趋势，也是无可弥补的损失。“敦煌因为地处西北高原，天寒地冻，自然不会因天气变化而损害到艺术作品。又因为海道交通便利以后，从前甘肃一个交通大道，而今变为荒漠之区，当然没有人过问，更想不到洞内有如许伟大的宝藏。其间虽然因风沙侵袭，洞有崩毁的，还有清代康熙年间白彦虎的乱事，和后来俄人的毁坏，等等，虽然经过这种人事天时的破坏，但到今天还有四百左右的窟，二三千幅壁画存在。因为天荒地寒，人迹不容易到，所以还能保存到现在。”①

张大千还提出，敦煌壁画除了艺术上的价值，对于史学研究同样有帮助。因为壁画中的衣冠服饰，都是照着当时的样子画的。“我们要知古代服饰器用真正

① 张大千：《谈敦煌壁画》，李永翘编《张大千艺术随笔》，上海文艺出版社，2012 年版，第 91–92 页。

状态的一部分，只有在敦煌画上去找。”“中国因年代久远，史籍繁多，不是记载有误，便是抄录多错。如唐大中时归义军节度使张议潮，和五代史归义军节度使曹议金，史载只载大略，且多乖误。但敦煌千佛洞和西安万佛峡里都有曹氏的材料，若是搜集起来，写成一篇传记，来正误并补充，这就是壁画可以补正正史的好处。”①

宣传敦煌壁画的力行者

在敦煌的三年里，张大千临摹了各朝壁画近三百幅。1942 年他再次来到敦煌后就正式展开壁画临摹工作。张大千临摹敦煌壁画采用的是复原法，即恢复壁画初成时鲜艳夺目的新面貌。他追求“原型原色”，即临摹品与原壁画大小比例相同，色彩鲜艳如初。为此，专程到青海塔尔寺请来藏族画工制作画布，同时又在当地购买了数百斤的藏蓝（石青）、藏绿（石绿）、朱砂等矿质颜料，还使用大量金粉、珍珠、翡翠等贵重原料以保证色泽纯正艳丽。应该说，张大千的临摹品较为完美地显示了壁画当初的本色，尤其是人物画像的服饰冠带等，更是鲜艳异常、质感极强。

1943 年 8 月 14 日，“张大千临抚敦煌壁画展览”

① 张大千：《谈敦煌壁画》，李永翘编《张大千艺术随笔》，上海文艺出版社，2012 年版，第 101 页。

在兰州隆重开幕，展出21幅作品，最大者高一丈、宽一丈九尺。西北发行量最大的《西北日报》登出了《介绍名画家张大千临抚敦煌壁画展览启事》："中国绘事，千百年来，六法多门，人物寖绝，宗师不作，一发难维。大千先生近数年间，寄迹敦煌，研治壁画，黼黻丹青，追风千代，使敦煌石室之名，隐而复彰，六朝隋唐之迹，晦而复显。比将归蜀道出兰垣，因请出临摹之作，公开展览，凡爱好古代艺术者，幸览观焉！"

关于这次展览，张大千自己是这样说的："盖大千平生流连画选，倾慕古人，自宋元以来真迹，其播于人间者，尝窥见十九矣。欲求所谓六朝隋唐之作，世且笑为诞妄。独石室画壁，简籍所不载，往哲所未闻，千堵丹青，瞬光莫曜，灵踪既闷，颓波愈腾，盛衰之理，吁其极矣！今者何幸，遍观所遗，上自元魏，下迄西夏，绵历千祀，杰构纷如，实六法之神皋，先民之榘矱。……俾吾国两千年来画苑艺林，瑰玮奇宝，得稍流布于人间；而欲知宗流派别之正者，亦屹然当有所归！"[①]而在上述启事上列名的人，包括甘肃省政府主席谷正伦等西北"五巨头"，足以显示了当时西北各界对此的重视。这次画展分为两部分，西厢房为张大千近作，东厢房则是张大千临摹的敦煌壁画。这次展览是第一次用如

① 张大千：《谈敦煌壁画》，李永翘编《张大千艺术随笔》，上海文艺出版社，2012年版，第71页。

实、直观的形式展出了敦煌艺术的魅力，踊跃参观者达到万人以上，盛况空前，很多人提出要购买这批作品，但遭到了张大千的拒绝。

回到成都后，张大千又于1944年1月25日举办了“张大千临抚敦煌壁画展览”，展出44幅作品，同时展出的还有敦煌壁画、彩塑的巨幅照片20幅，真实再现了敦煌艺术的壮丽风采。这次展览原定七天，但各地赶来的参观者络绎不绝，不得不延期。四川美术协会专门为此出版了《张大千临抚敦煌壁画展览特刊》，对伟大的敦煌艺术大加赞赏，对张大千的功绩给予肯定。鉴于此次展览引起的轰动，国民政府教育部决定调集此次展品赴当时的陪都重庆展出。于是，1944年5月19日，教育部主办的“张大千临抚敦煌壁画展览”在重庆上清寺中央图书馆隆重开幕，展场之外，每日人山人海，购买门票的“长蛇阵”常常蜿蜒数百米。敦煌文物研究所第二任所长段文杰教授回忆说：当时他住在重庆南岸，第一次去看画展时门票已经售罄，于是失望之极，直到第二天他专门起了一个大早，急匆匆赶去了展场早早排队买票，才得以看成。著名史学家陈寅恪先生参观了画展后，做出高度评价：“敦煌学，今日文化学术研究之主流也。自敦煌宝藏发现以来，吾国人研究此历劫仅存之国宝者，止局于文籍之考证，至艺术方面，则犹有待。大千先生临摹北朝唐五代之

陈寅恪

壁画，介绍于世人，使得窥此国宝之一斑，其成绩固已超出以前研究之范围。何况其天才独具，虽是临摹之本，兼有创造之功，实能于吾民族艺术上别创一新境界。其为敦煌学领域中不朽之盛举，更无论矣！”

应该说，张大千临摹敦煌壁画展览除了艺术上的效应外，还鼓舞了人们的爱国热情和抗战斗志。我国敦煌史专家史苇湘研究员认为，当时抗战中的局势正处于黎明前的黑暗中那种最为艰苦的时期，而张大千临摹的敦煌壁画展览一出，“向人们展示了祖国灿烂的文化艺术和伟大的历史遗产，使人们的精神为之一振，从而极大地激发了广大人民的自尊心与自强心，增强了爱国主义精神。亦即张大千的画展，对于振奋抗战中的民心、加强爱国主义的热情，都起到了很好与很大的作用”[①]。

此后，张大千又把临摹作品带到海外展出，把敦煌艺术带给了世界。1950 年 1 月初，“中国画家张大千画展”在新德里全印广播电台旁边的印度国家美术展

① 李永翘：《张大千传》，中国青年出版社，2014 年版，第 285–290 页。

览馆内隆重举行，其规模十分浩大。印度美术界、文化界、学术界、教育界、新闻界等各界头面人物，各国驻印度的外交官员等人，都出席了画展。这次展览以临摹的敦煌壁画为主，参观者络绎不绝，在新德里引起了轰动。1956 年 4 月，应日本方面邀请，由日本朝日新闻社主办，张大千在东京举行了隆重的“张大千临摹敦煌石窟壁画展览”，日本各界为之沸腾，掀起了一股“敦煌热”。展览结束之后，又被邀请至法国巴黎，1956 年 6 月，“张大千临摹敦煌石窟壁画展览”又在巴黎东方艺术博物馆隆重举行。这次展览共展出了张大千临摹的敦煌壁画 37 幅，向欧洲介绍了灿烂的敦煌艺术。这是张大千临摹的敦煌壁画第一次在欧洲展出，敦煌艺术旋风从亚洲刮到了欧洲。①此后，张大千在世界各地频频举办个人画展。他被西方艺坛赞为“东方之笔”，与西画泰斗毕加索齐名，被称为“东张西毕”。

评价敦煌壁画的奠基者

敦煌之行让张大千大开眼界，之后他的画风大变，出现了艺术领悟和创作上的升华。张大千写过一篇十分厚重的文章，从十个方面详细概括了敦煌壁画对于中国画的影响，对画家的启示，以及在中国画史上的地位。时至今日，敦煌研究成果汗牛充栋，但重读张

---

① 李永翘：《张大千传》，中国青年出版社，2014 年版，第 346、379 页。

大千的这些论述，依然能令人感受到其价值，这不但是因为张大千较早地提出了这些观点，更因为张大千是一位艺术大师，他对于敦煌壁画，自然也就多了一份别人无法企及的感悟。可以说，是张大千最早从理论上为敦煌壁画在中国画史中找到了位置，为后人研究、评价敦煌壁画提供了历史坐标。

第一，佛像、人像画的抬头。张大千认为，中国自有图画以来，本是先有人物画，次有佛像画，山水不过是一种陪衬人物的。到了后来，山水独立成宗，再加以有南宗水墨、北宗金碧的分别，而文人便以为南宗山水是画的正宗，连北宗也被摒斥在“画匠”之列，不只是将人物、佛像、花卉看作别裁异派，甚至也认为是匠人画。自宋元到近代，这种见解，牢不可破，而画的领域，也越来越狭小。“不知古代所谓大画家，如所说的‘曹衣出水，吴带当风’这些话，都是指画人物而言；所谓‘颊上添毫’‘画龙点睛’这些话，也都是指人物画。到后来，曹、吴之作不可见，而一般画人物的，又苦于没有学问，不敢和山水画争衡，所以一天一天地衰落下去。到了敦煌佛像人像被发现之后，这一下子才知道古人所注意的，最初还是人物而不是山水，况且又是六代三唐名家高手的作品，这一下子才把人像画的地位提高，将人物画的本来价值恢复。因为眼前摆下了许多名迹，这才使人们的耳目视听为之一新，才不敢轻诋人物画，至少使人物画的地位，和山水画并峙画坛。”

第二，线条的被重视。张大千说，“书画同源”这句话，在我国艺坛里极普遍地流传着。绘画的方法和写字有相当的差别，能相通的只有山水的画法和人物画的线条画法。中国有一种白描的画法，即是专门用线条来表现。可惜后来人物画衰落，画家不愿意画人物，而匠人们能画人物，却又不懂得线条的重要。所以一直到敦煌佛像被发现以后，他们那种线条的劲秀绝伦，简直和画家所说的“铁画银钩”一般，这又是证明敦煌的壁画，如果不是善书的人，线条绝对不会画得如此好。而画人像、佛像最重要的便是线条，这可以说是离不开的。所以自从佛像恢复从前的画坛地位以后，这线条画也就同时复活了。

第三，勾染方法的复古。张大千提出，中国画学之所以一天一天地走下坡路，“薄”是致命伤。我国画家对于勾勒，多半不肯下功夫，对于颜料，也不十分考究，所以越显得退步。而敦煌壁画，不管是哪一个朝代，哪一派作风，但他们总是用重颜料，即是矿物质原料，而不用植物性的颜料。他们认为这是垂之久远，要经过若干千年的东西，所以对于设色绝不草率。并且上色还不止一次，必定在二三次以上，这才使画的颜色，厚上加厚，美上加美。而他们勾勒的方法，是先在壁上起稿时描一道，到全部画好了，这时所描线条，已经被颜色所掩盖看不见，必须再在颜色上描一道，也就是完成工作的最后一道描。有了这种勾染方法，所以才会产生这敦煌崇高的艺术。

第四，画坛的小巧作风变为伟大。张大千提出，我们古代的画从画壁开始，然后转到卷轴上去。以壁画来论，总是寻丈或若干丈的局面，不管所画的是人物是故事，这种场面是够伟大的。到后来因为卷轴画盛行，由屏风障子变而为屏幅中堂。画壁之风衰歇以后，卷轴长的有过丈的，但是高度不过一二尺，屏幅中堂等也不过三四尺、高一二尺宽而已，因为过于宽大，是不便于携带的。到后来再转而为扇面斗方，那局面只限制到一尺见方的范围，尺度越来越小，画的境界也越来越隘，泱泱大风，恐怕要衰歇绝灭了。敦煌壁画的供养人多半是五六尺的高度；至于经变、地狱变相、出行图等局面真是伟大，人物真是繁多；再至于极乐世界的楼台花木人物，等等，大逾数丈，繁不胜数。画家也必要有几幅伟大的画，才能够在画坛立足。所谓大者，一方面是在面积上讲，一方面却是在题材上讲。敦煌画壁启示我们要将画坛的狭隘局面挽救扩大起来。

第五，画坛的苟简之风变为精密。在张大千看来，我国古代的画，不论其为人物山水宫室花木，没有不十分精细的。元代的倪云林、清初的石涛、八大山人等，最初也都经过细针密镂的功夫，然后由复杂精细变为简古淡远，只要几笔便可以把寄托怀抱写出来，然后自成一派，并不是一开始便随便涂上几笔，便以为这就是文人写意的山水。看了敦煌壁画，才知道古人心思的周密，精神的圆到，这才挽救了中国画坛苟且的风气。

第六,对画佛与菩萨像有了精确的认识。张大千说，我国因后来山水画的盛行，画人物画、佛像画都衰落下去，差不多沦于工匠手中，就是能够以画佛名家的，也不过画达摩式的佛像、女相的观世菩萨而已。至于释天是个什么样子，飞天和夜叉这两个名词虽然流传日久，到底又是何种样子，可以说是全不知道。敦煌壁画被发现以后，给我们以佛、菩萨及各种飞天、夜叉的真像，得到各种佛、菩萨像的精确性。

第七，表现女性的健美。张大千认为，近代因为中国国势衰弱，而画家所画人物，尤其是美女，无论是仇十洲，还是唐六如，都走上文弱一条路上。到了敦煌画面世，所有画的女人，无论是近事女、供养人或国夫人、后妃之属，大半是丰腴的、健美的、高大的。现在画美人的，也都注意到健美这一点了。

第八,用写实的手法创作历史题材画。张大千认为，中国古来作画,没有不是写实的。到了写意山水画出世，人物的一切衣服装饰，便多半以写意为之。敦煌壁画在六朝时期，华夷杂处，窄袖短衣，人多胡服。又唐人多用昆仑奴，而画里富贵人家的侍从，总有一碧眼大汉，高鼻深目，很像洋人，大概即是昆仑山脉下西域诸国的人。北魏妇女多披大衣，有反领和皮领，又披肩和围巾，式样简直如近代时髦装束。所有近代所用的手杖及推儿车，唐朝也多。敦煌壁画给我们写实的启示，也是很值得去学的。我们今天的绘画，也是要使后来一千几百年后的人，知道我们现在的一切制度装束。

第九，佛像画要适合本国人口味。张大千认为，虽然历史题材的画，一切是要用写实的手法。但敦煌壁画里的佛像画正好相反。在北魏时期，所画的佛像，还是清瘦的印度人相，这当然是依着印度携来的佛像来画的。但到了唐代，不只佛像完全像中国人，面圆而体胖，鼻低而目秀，就连所有的楼台宫室一切，也都画成中国形式了。凡画佛教的佛像和附带的图案画等，不必与现实相似，最要紧的超物的观念，合于本国人视听的写法，才是最成功的！

第十，敦煌壁画提振了中国人的信心。用张大千的话说，“西洋画不足以骇倒我国的画坛了”。他提出，“在图画的基本上讲来，我想无论古今中外，总有一个共同的原则，那就是‘物极必反’。这话怎么讲呢？那便是最初的画，一定是简单的，后来渐渐地复杂，到了复杂之极，又要趋于简单，但这第二个简单所包含的意味，便不同于第一次的。最初我们总要刻意画得像实物，太像了，我们又要把它画得不太像，或者几笔简单的笔意,而控制或代表复杂的景物。前者是写实，后者便是所谓写意。写意写到太过笔简，人们以为不够味，又会回到写实上面去。这就如春夏秋冬四时的循环，并没有什么高下、是非、好坏，只是相继相代，去旧务新的办法。但经过若干年之后，也许我们以为极新的，哪知却是极旧的；以为是外国人所独创的，哪知道就是中国古代几千年前便有而后来被暂时扬弃的！”①

值得指出的是，在张大千向世人介绍敦煌的同时，敦煌的艺术精神也深深地渗入了张大千的创作之中。正如谢稚柳所评价的："大千的人物画本来画得很好，自到敦煌后，他认为唐代的人物画，那种豪迈而雍容的气度是最高的艺术。所以当他临摹了大量壁画之后，他自己的人物画风，已完全舍去了原有格调。他后期的人物画格，正是从此而来。”②前文提到敦煌壁画中充满了变化多端、精当准确的线条，张大千受此启发，下苦功勤练线条，掌握了古人作画用笔的关键。又如，

---

① 张大千：《谈敦煌壁画》，李永翘编《张大千艺术随笔》，上海文艺出版社，2012 年版，第 92–100 页。

② 宁夏回族自治区文史资料研究委员会：《张大千生平和艺术》，中国文史出版社，1988 年版。

敦煌壁画重视色彩的精致艳丽，和后来的文人画家不同，张大千就此精研古人的设色方法，将色彩的情感表现力发挥得淋漓尽致。敦煌壁画中常见的石青、石绿、朱砂等矿物重色以后都成为张大千在绘画创作上所使用的主要色彩。再如，敦煌壁画就是注重以生活为源泉，充满写实的精神，张大千受此感召，强调写生、注重鲜活的艺术体验，其个人风格也由文人画的清新秀逸一转而为精密雄浑。另外，张大千在敦煌临摹巨幅壁画的经历，也帮助他掌握巨幅画面的技法。他晚年绘制的《长江万里图》与《庐山图》等巨幅作品，可谓张大千一生艺术成就之总结，这都离不开敦煌给予他的财富。

最后，需要写上一笔的是，张大千虽然拒绝了千金购买他临摹的敦煌壁画的要求，但并没有把这批珍宝视为私产。1953 年及 1955 年，张大千在大陆的家人秉承其意愿，两次将留在大陆的壁画临摹品 220 件全部交给国家，由四川省博物馆收藏。1968 年 11 月，张大千又将携带的壁画临摹品 62 幅全部捐赠中国台湾“故宫博物院”。1976 年张大千携家人返回台湾。“文革”结束后，张大千及其艺术重新在大陆受到重视，四川省政府联合敦煌艺术所在地甘肃以及宁夏等地电视台联合摄制《国画大师张大千》。以此为契机，张大千开始与大陆文化界恢复交往活动，同年为家乡书题“内江县志”，后来，四川省内江市政府重建张大千故居并拟筹建张大千纪念馆，可惜1983年4月2日，张大千病逝，享年85岁。“张大千”这三个字，将永远镌刻在敦煌艺术史上。

（胡一峰）

敦煌守护神——常书鸿

一次不经意的散步，让敦煌石窟这座在中国历史上一度沉寂千年之久的文化艺术宝库在异国他乡与中国的一位青年才俊相遇，并由此结下不解之缘，敦煌石窟艺术从此掀开自己崭新的一页，改变了被毁灭的命运，并不断绽放出璀璨的光芒，犹如古老东方的一座圣殿不断吸引着世界各地的艺术研究者纷纷前去朝圣。

20 世纪 30 年代，留学法国巴黎的中国留学生常书鸿有一天参观完罗浮宫后准备到塞纳河畔散步，想顺便看看旧书摊上的书籍。无意间一部由六本小册子装订而成的《敦煌千佛洞》引起了他的注意，打开图书，他看到了自己有生以来从来没有看到过的精美壁画图片。通过对内容的了解获知，这些精美的图片是1907年有位叫伯希和的法国探险家从中国甘肃一个叫敦煌石窟的地方拍摄而来的，图片内容从4世纪到14世纪，前后跨越1000多年。这些图片虽然是黑白印刷，但画面中奔放的笔触、遒劲的线条、气势宏伟的构图，无不让人感到艺术作品的盛大气象及充满活力的艺术感染力。“如果说这次发现迎来了我人生中最大的转机，毫不为过。这本书给我以很大启发，而且决定了我以后的人生之路。”[①]常书鸿惊呆了，他在脑海中快速地思索着这距今有一千余年的古代精美壁画居然是出自中国！根据自己多年学习艺术的经验判断，敦煌的壁画艺术完全不亚于西方拜占庭基督教的绘画，常书鸿简直不敢相信，他反复地欣赏、琢磨着这本既陌生又倍感亲切的来自家乡的精美画册。

青年时期的常书鸿

不知不觉中随着夕阳的西下，塞纳河畔的余晖已

① 常书鸿、池田大作：《敦煌的光彩：常书鸿、池田大作对谈录》，人民日报出版社，2011年版，第47页。

经褪去，天色渐渐暗了下来，常书鸿依然陶醉在这精美绝伦的敦煌画册里，被图片中的壁画、雕像深深地吸引，丝毫没有觉察到主人就要收摊了。经过讨价还价，最终常书鸿因为囊中羞涩没能买下这套图册，书摊主人看他实在喜欢，就告诉他附近的吉美博物馆还展览着许多精美的敦煌彩色的绢画，这个消息让常书鸿感到异常地兴奋，一夜未眠。第二天一大早他就起床赶到吉美博物馆，那里的确展览着许多从中国敦煌来的唐代大量大幅绢画，虽然历时千年，画面仍然璀璨夺目，使他怦然心动。其中有一幅 7 世纪敦煌佛教信徒捐献给敦煌寺院的《父母恩重经》，时代要早于意大利佛罗伦萨文艺复兴先驱者乔托的作品 700 年，早于油画的创始者文艺复兴佛拉蒙学派大师梵爱克的作品 800 年，早于长期侨居意大利的法国学院派祖师波生的作品 1000 年。看到这些，对于常书鸿这样长期倾倒在西洋文化之下，而且非常自豪地以蒙巴纳斯的画家自居，言必称希腊、罗马的人，面对自己祖国如此灿烂悠久的文化历史，自己作为一名中国人居然一无所知，想到这里他顿时觉得羞愧至极，这不是典型的崇洋媚外、数典忘祖吗？面对自己祖国光辉灿烂的过去，回想起自己漂洋过海历尽千辛万苦去西方寻找艺术的真理，却忽略了真正的艺术经典就在自己的祖国。

在常书鸿后来的回忆中他这样说道："当我看到伯

希和的《敦煌千佛洞》一书图片的瞬间，我几乎不能完全相信自己的眼睛了，我想祖国竟然留有这样光辉灿烂的古代文化遗产,简直不相信这是真的。仔细一看，伯希和在序言中写道，这些照片是 1907 年在敦煌的石窟中拍摄的。我对祖国佛教艺术的辉煌灿烂、博大精深感到十分惊异。把眼前敦煌的石窟艺术品和我以前崇拜的西洋文艺复兴时期的艺术作品进行比较，不论是从历史的久远方面来看，还是从艺术表现的技巧上来看，敦煌艺术都更胜一筹，这一点一目了然。‘这简直是一个奇迹’，我立即被敦煌艺术所吸引了，并下决心回到祖国，到敦煌去，一定要用自己的眼睛，亲自看一下这些宝物。而且我心中还这样想，作为一个中国人完全有责任去保护、介绍这些文物，使它们重放异彩。”[①]从此，常书鸿好像受到某种力量的召唤，历尽种种磨难把自己的一生毫无保留地献给了敦煌。

1.“敦煌守护神”的青少年时光

在 20 世纪初的 40 年里，敦煌石窟，这座一度被遗忘的艺术天国，正经历着有史以来最大的磨难，直到留法才俊常书鸿的出现方给敦煌石窟带来了转机。

---

① 常书鸿、池田大作：《敦煌的光彩：常书鸿、池田大作对谈录》，人民日报出版社，2011 年版，第 48 页。

清朝光绪三十年（1904），常书鸿降生在浙江省杭县（今杭州市）西湖边上一个叫作“旗下营”的满族聚集地。他祖父是被清政府从东北热河派到杭州驻防的小军官（当时被称为云骑尉，世爵名）。常书鸿从小没有见过自己的祖父，只在每年过春节的除夕之夜从挂在厅堂正中头戴红缨帽、身着镶金黄袍、坐在太师椅上的祖父画像上看到过。祖母育有四男三女，常书鸿的父亲排行第一，为长子，二叔英年早逝，留下二婶和四个孩子，三叔、四叔都因意外事故，致使身体残疾，丧失了劳动能力，故而以绘画为业，常书鸿从小也得以有机会从叔父那里学习绘画，他很早就受到艺术的熏陶。

在那个从旧王朝向新时代过渡的动乱年代里，常书鸿童年的生活经历十分坎坷。母亲一共生下五个兄弟，他排行老二,五弟过早夭折。在常书鸿6岁那年，辛亥革命爆发，有一天夜里，清政府所在的浙江金库所在地范台衙门不知什么原因起了大火，火势烧得十分猛烈，把当时西湖边上满族人的聚集地旗下营照得通红，当时大家都认为又爆发了“杀鞑子”运动，祖母闻讯赶快带着年仅6岁的常书鸿逃到了南高峰里的一座破庙里避难。旗下营被当时爆发的杀满族人、剪满族辫子的恐怖运动笼罩，因常家是满族人，又居住在旗子营，所以起火事件让常家提心吊胆。所幸第二天天亮后祖母一打听没事，悬着的一颗心才算是放下了，当时的常书鸿也被这突如其来的事件吓住了，从那以后就再也没有提及过自己是满族人的身份。清政府的倒台，使靠吃皇粮为生的常家上下20余口顷刻间失去了靠山，吃饭成了摆在大家面前的最大问题，家里一下子陷入了困境。常书鸿的父亲作为一家之主决定把家里宽大的老宅院出租给别人，常家则准备搬到涌金门外的荷花池头一处偏僻的房子去，据说那里闹鬼，因此租金很是便宜。为此家人的情绪都显得十分低落，常家最年长的祖母为此伤心不已，临搬出祖宅时，老人家抚摩着院子里的一棵老槐树流连忘返、难舍难分。

新的住处虽然破旧、偏僻，但还算显得宽敞，更贴近于大自然，尤其是堂屋前后有两所院子，里面充满了很多童年的乐趣。在这里，常书鸿第一次从三叔那里接触了绘画，三叔由于残疾不能从事体力劳动，就选择了绘画作为自己的职业，三叔靠着勤奋的双手赢得了不少生意，有时活忙时常书鸿便作为小帮手帮助三叔在贺卡上填色。

尽管常书鸿童年时常家已经家道中落，但父母认识到读书识字对孩子的重要性，平时缩衣节食把刚满8岁的常书鸿送进了亲戚办的私塾梅青书院里学习，后来又进了杭州涌金门内运河下的时敏小学。就这样，常书鸿度过了他的童年。由于从小有着跟三叔学绘画的根底，在上高小时常书鸿结识了一位叫陈永安的同学，也喜欢绘画，故此，两人因为志趣相投成了要好的朋友。陈永安善画传统的中国山水画，常书鸿则对山水画不太感兴趣，他在回忆录中这样写道："我喜欢画画，但不像《芥子园画谱》那样，用圆圈画梅花，写个字当竹叶，我不理解这种表达方式，我喜欢能够表现人物光暗的西洋水彩和油画，但不懂水墨画。我跟陈永安画了一段时间国画后，感到国画太抽象，不写实。所以后来就自己找《东方杂志》上印出的彩色泰西名画来学，觉得还有趣味。"[①]常书鸿的这种爱好使他开始尝试用木炭画人像，并取得了不错的效果，因此他常常以这种西洋画法为人画像以挣钱贴补家用，这也使他对自己的绘画成绩更加自信。

转眼高小就要毕业了，常书鸿面临着人生的第一次选择，由于自己喜欢绘画，一直梦想着考取一所专业的美术学校进行深造，但这种想法很快遭到了父亲的反对。父亲认为绘画不能解决当时家庭的实际困难，不如学个务实的专业，将来毕业后也好多挣钱养家糊口。在父亲的建议下常书鸿报考了浙江省立甲种工业学校机电科，通过考试，顺利被学校录取，第二个学

① 常书鸿：《九十春秋——敦煌五十年》，北京大学出版社，2011 年版，第 36 页。

期常书鸿因数学成绩理想而改选了染织科。染织专业开设有图案和染色等课程，与常书鸿的兴趣沾边，从另一方面也算平衡了常书鸿渴望学习美术的心理。在染织科，常书鸿的勤学很快赢得了与自己志趣相投的同学沈西苓的好感，两人遂成了学习上志同道合的好伙伴，无论课上课下两人都喜欢在一起研究染织图案，对各种染色材料进行讨论。有时，他们的讨论还会从染织色彩的浸染变化联系到法国印象主义画家高更的作品。在业余时间，两人还悄悄参加了由当时著名画家丰子恺、周天初组织的西湖画会。相伴学习的日子很快就结束了，常书鸿凭借自己刻苦钻研的精神，不仅在专业上获得了很大的收获，而且在学校的毕业典礼上被宣布留在母校任教，这对于常书鸿来说是一个难得的好消息。学校教学的稳定工作既能带来稳定的收入为家庭减轻负担，又能从事自己喜欢的绘画艺术，常书鸿对未来的生活充满了期盼。此时的好同学沈西苓也由他父亲送到日本留学，继续追求更远大的理想。

学校的教学工作对常书鸿来说是比较理想的，虽然繁忙但相对充实。他先后担任了管理员和美术教员的职务，由于在教学工作上的认真负责，一时赢得了师生的喜爱。第一个学期刚结束，校长就找他谈话，打算把周天初教授担任的美术课也让给他兼任，教学任务增加的同时也给常书鸿精神上以莫大的鼓舞。在专心教学期间，远赴日本留学的沈西苓依然与常书鸿保持着密切的书信往来，沈西苓还经常从日本向常书鸿邮寄画册和美术理论方面的书籍，大大地扩充了常书鸿的艺术视野，欧洲艺术不断出现的新流派如立体主义、未来主义、野兽派等不断刺激着他的神经，使他越发地感受到中国绘画固守陈法、陈陈相因的弊病，最终，常书鸿决定留学欧洲，希望学习西方的文化来改革当时中国的现状。常书鸿悄悄到书店买了一本法中字典，在工作之余挤出时间开始背诵，以便将来到法国之后尽快学会语言学到本领。

1927 年，常书鸿参加了赴法国里昂中法大学浙籍的公费考试，但考完之后政府迟迟没有发榜，经打听，这次赴法的公费名额早已经被家里有权势的大学生私分了。愤怒的常书鸿决定自费赴法国留学，他的想法得到了母校校长李熙谋和同事们的支持。6 月 16 日，常书鸿顺利登上了一艘由上海开往法国的大油轮。这次的留学是常书鸿得到一名同学父亲的资助才得以顺利成行的。同学的父亲花了一百大洋为常书鸿弄到了一张统舱船位的证，也就是乘坐在船的最底舱。

这种船位证，在旅途中是不能到甲板上去的，要整日缩在船底。但这对常书鸿来说已经是很难得的机会了。为了打发在船上漫长的时间及船底的闷热难耐，常书鸿找到了在船上伙房打杂的工作，伙房的一切杂活包括洗碗、洗菜、打扫卫生等都由常书鸿一个人承担。经过一个月的船体剧烈颠簸后，常书鸿终于到达自己梦寐以求的“艺术天国”法国巴黎。“常书鸿与很多有志于从事美术的青年一样，正是抱着一种学习探索西方艺术以改变中国画坛死气沉沉局面的愿望，踏上了去法国留学的道路。”[①]

初到巴黎常书鸿便很快结识了自己的同乡，即当时在巴黎高等美术学校半工半读学习雕刻的同学郎鲁逊。很快，郎鲁逊便为常书鸿介绍了一份半工半读的工作，在巴黎拉丁区的一个中国饭店做勤杂工，住在饭店对面的一个小旅馆最上层的阁楼上，虽然房间只能摆放一张小床，这已经是郎鲁逊为了给常书鸿节约开支想法为他租到的最廉价的房间了。没过多久，常书鸿便受到郎鲁逊的邀请，参观了伟大的卢浮宫，这使常书鸿异常的兴奋。从文艺复兴、古典主义、浪漫主义到现实主义、印象主义，从达·芬奇的《蒙娜丽莎》、库尔贝的《画室中》到马奈的《林中之野餐》等众多伟大的艺术杰作，常书鸿都系统地、完整地参观了一遍，“常书鸿在卢浮宫博览世界艺术高峰之珍品，开阔眼界，增长艺术素养，使他明白，绘画艺术通过各个时代作家的努力，非常深刻地反映了人类在大自然和历史中

① 赵声良：《常书鸿先生早年艺术思想探微》，《敦煌研究》，2004年第3期。

的思维和创作的作用。同时它们在演变发展中，在追求真善美的创作中取得了伟大成就”①。一件件世界级的艺术经典名作系统而完整地印在他的心里，触动着他的心灵，使他感到无比地震撼和兴奋，他似乎在这座艺术天堂里找到了自己心灵的归宿，这更使他坚信自己来法国的选择是正确的。

巴黎当时作为世界艺术中心的确有她独特的魅力，世界级的艺术殿堂，各式各样的博物馆、美术馆，包括各种流派的艺术家都汇聚在这座“梦幻之都”。两个月后，同乡郎鲁逊拿着一份报纸兴奋地跑来告知常书鸿他被政府录取为法国里昂中法大学公费生的消息，录取名单就刊登在刚收到的《申报》上，这个消息犹如雪中送炭，一下子解决了常书鸿在法国留学的后顾之忧，从此他可以全身心地投入学习中。

根据常书鸿当时报考的专业，他被分配到里昂国立美术专科学校学习绘画及染织图案。到校报到后，因为没有国内专业美术学校的证书，常书鸿不能直接投考插班，只能从一年级的石膏素描开始学起。当时已经23岁的常书鸿和一群没超过16岁的穿短裤的学生在一起让他感觉到很难堪，这更加激励他快速进步。经过刻苦的学习，常书鸿很快跳班参加了三年级的人体素描考试并取得了不错的成绩。

① 冯法禩：《常书鸿人生治艺之道》，《美术》，1994年第12期。

1930 年，常书鸿在参加全校以“木王”为题的素描考试时以荣获第一名奖学金的成绩提前升入油画班。油画班的学习又让常书鸿在对油画的认识上有了长足的进步，他的导师窦古特教授的严厉要求和循序渐进的教学方法使常书鸿取得了飞跃的进步。1931 年秋，中国爆发“九一八”事变，法国报纸纷纷做了报道，日本的野蛮行径引起了国外学子的极大愤怒，常书鸿创作了一幅《乡愁曲》油画以寄托他对祖国的思念之情。1932 年，常书鸿又以油画系第一名的成绩顺利毕业于里昂国立美术专科学校。同年，他又参加里昂全市油画家赴巴黎深造公费奖学金的选拔考试,以油画《梳妆》获得了第一名，得奖后常书鸿又享受到公费选派赴巴黎深造的机会。在巴黎深造期间常书鸿迎来了人生的转机，生活开始步入正轨，身边多了从国内来的妻子陈芝秀和女儿常沙娜，再加上巴黎的一大帮朋友，这使常书鸿在艺术上更加有信心地走下去。在法国巴黎的留学生涯中,常书鸿渐渐融入了社会,作品屡获佳绩,艺术创作得到各方面认可,《沙娜画像》被巴黎近代美术馆收藏,《裸妇》获得巴黎高等美术学校劳朗斯画室第一名，并被里昂国立美术馆收藏，油画作品多次参加法国国家沙龙展，并先后获金质奖、银质奖等，后来常书鸿成了法国美术家协会会员、法国肖像画协会会员。

常书鸿（左一）夫妇与留法艺术家

常书鸿在法国度过了近10年的光阴，巴黎作为当时的世界艺术中心能让常书鸿站在世界的高度去审视艺术的本体，能让常书鸿更深刻地去理解西方艺术，同时也能够更加清晰地去看待中国传统艺术与西方艺术之间的异同和优劣。20世纪30年代的法国画坛由于被资本主义和画商操控逐渐反映出颓废和没落的景象，一些新兴的势力彻底否定古典主义的审美标准，奉行丑恶的价值观念，这种意识形态完全不能为常书鸿所接受。这使得常书鸿开始对西方艺术进行反思，并对中国艺术与西方艺术之间的差异做了深入的思考。“实际上在当时中国的时代环境下，要想证明中国传统艺术的价值，很可能会被看作保守势力的。但常书鸿长期生活在法国，对西方艺术有着十分深入的理解，他知道西方艺术并非完美无缺，而中国艺术也不是一无是处。他一直在思考着中国传统艺术中那些有价值的东西。”“常书鸿在创作思想上是倾向于徐悲鸿的主张的，然而，面对空前活跃的时代和纷纭的艺术思潮，他一直在思考，中国传统艺术到底是怎么一回事？中国的传统真的没有多少值得继承的东西了吗？中国艺术必须要用欧洲艺术中写实主义的技法来改革吗？”①

2. 为了敦煌而回国

“艺术高于一切”或许是一位艺术家永恒的追求。常书鸿当年就是抱着这种理想的信念来到巴黎的，如今一晃在巴黎已经十余年的时间，经过自己艰苦的努力，在巴黎已经有了一席之地。有妻子和可爱的女儿，有一帮经常在自家相聚的留法朋友，最为庆幸的是自己在法取得的成绩、获得的奖励，一路走来，对常书鸿来说还算辉煌的。但自从常书鸿接触敦煌艺术以后，这种荣耀感顿时显得黯然失色，祖国敦煌的灿烂文化

① 赵声良：《常书鸿先生早年艺术思想探微》，《敦煌研究》，2004年第3期。

在他心里留下太深的印象。常书鸿暗下决心，决定有机会一定去敦煌研究学习那里灿烂的艺术，好好地吸取祖国的古典艺术的精华，并且发扬光大，使它放射出更加绚丽夺目的光辉。正在这时，常书鸿接到了当时南京国民政府教育部部长王世杰的电报，要聘请常书鸿为北平艺术专科学校的教授，并希望能从速归国任职，常书鸿毫不犹豫地接受了这个邀请。

安顿好妻子女儿，常书鸿只身一人踏上了归国的旅程。经过半个月的颠簸旅程，常书鸿终于到达北平。这座古老的都城早已不像自己想象的那般平静。这里已经成了日本人的天堂，日本人嬉闹、挑逗的行为随处可见，他们肆无忌惮地做着任何自己喜欢做的事情。到处充满着战争的气味，这给刚从法国回来的常书鸿不小的震惊。很快，常书鸿被任命为国立北平艺术专科学校西画系主任、教授。在这动乱的年代，说是在上课，可这帮热血沸腾的学子们哪能静下心来认真学习呢！面对国家被侵略，家园被占领，学生们个个义愤填膺、声泪俱下地用自己的方式控诉日本的侵略行径和国民党政府的卖国行径。常书鸿平生第一次身处这样的环境，很快也被愤怒的洪流所感染，“国家兴亡，匹夫有责”，自己的国家被侵略成如此，艺术做得再好又能怎么样呢？对于从来不问政治的常书鸿来说平生第一次在心灵上受到强烈的震撼，他认为应该放弃过去自己对艺术的观念，要用艺术振兴中华，挺起民族的脊梁。在北平执教的时间里，常书鸿兢兢业业教授着他在法国所学到的知识，借此希望能以艺术报国。

1937年7月7日，日本人故意挑起事端发动“卢沟桥事变”，随着“隆隆”的枪炮声，北平市顿时乱作一团。常书鸿当天正照例带着几个学生在北海公园画画，混乱的局面使课程再也无法进行，常书鸿只能收拾行李于一周后离开北平前往南京避难。与此同时，日夜思念的妻子陈芝秀、女儿沙娜也从法国回到了南京，一家人得以团聚。随着日本侵略军的进攻和国民党军队的节节败退，北平艺专也被迫向后方转移。9月，常书鸿接到赵太侔的通知要他立即到江西庐山牯岭去办学，接到通知后，常书鸿在上海安顿好妻女后只身前往江西南昌，开始了他长达两年的逃难生涯。

常书鸿遵照上级的指示，来到牯岭后与赵太侔和江西籍的讲师谭旦均等经过短暂的筹备便在江西牯岭匆匆开学了。刚刚开学不到两个月，由于战乱，牯岭的临时教学点又被迫迁到湖南的沅陵。1938年初，教育部决定把一起迁来的国立杭州艺术专科学校和北平艺术专科学校合并为国立艺术专科学校，并成立了校务委员会，由原杭州艺专校长林风眠担任主任委员，原北平艺专校长赵太侔和常书鸿担任委员，杭州艺专的人马多，北平艺专的教学设备多，因此，合并后的两所学校经常闹不开心。1938年冬天，校务委员会被撤销，实行校长制，由滕固任校长，赵太侔被聘为实用艺术部主任，常书鸿被聘为造型艺术部主任兼西画系教授。不久后，学校又开始准备撤离前往昆明。搬迁的过程中，近1000名的师生，由于教具多和交通工具缺乏等原因，用了近两个月的时间才从沅陵到达云南昆明。1939年春，学校迁往昆明后，经过几个月筹备暂时先借昆明市内的一处叫作昆华小学的校址开学，再后来，学校又迁到昆明附近的安江村，在经过数月的颠簸之后，常书鸿利用业余时间创作了部分作品，于次年在昆明举办了“常书鸿个人油画展览会”，展出了常书鸿到昆明以后所作的油画、水粉画共30余幅，获得了很大的反响。1939年冬，由于学校内部矛盾的激发，滕固辞去校长职务，由吕凤子担任校长。在任命吕凤子的校长职务时，吕曾提出对滕固所聘任的教授职位全部无效的条件，常书鸿、秦宣夫、王临乙等几位未被继续聘任。被解职后，在重庆的国民党教育部成立了美术教育委员会，常书鸿等几位被解聘的艺术教授都成为其委员，薪水由美术教育委员会支出。接下来的一段时间对常书鸿来说是回国后比较安定的了，他这才抽出时间静下心来从事自己喜欢的油画创作。美丽的嘉陵江、翻滚的浪花以及码头上的搬卸工，这一切回国后一直忙于校务的常书鸿从没有时间去感受他们的美。

当常书鸿静下来的时候，敦煌那美丽的画卷又浮现在他的眼前，那个促使他千里迢迢从国外回来的敦煌艺术在哪里？自己回国转眼四年就过去了，可连敦煌的门都没有见到过。这在常书鸿的内心不由生出一丝伤感。

常书鸿在重庆野外作画

1942 年 5 月，毛泽东在延安发表《在延安文艺座谈会上的讲话》，文章的发表在进步的文化界中产生了极其深远的影响，常书鸿也受到讲话的影响。当时围绕河南洛阳龙门石浮雕被奸商盗卖的事件，重庆进步的文化界人士正在议论如何继承民族文化遗产和文物保护的问题。各进步报刊也积极发表文章，对国民党官吏和奸商勾结外国帝国主义分子出卖祖国文物的罪行进行了揭露，甘肃敦煌石窟多次被劫掠和破坏的行径自然也就被提了出来，他们向国民党政府提出了严厉的批评。为了平息舆论，树立威严，重庆政府被迫指令教育部筹备成立国立敦煌艺术研究所。

面对时局的动荡，遥远的西北沙漠戈壁，生活条件可想而知，由谁去负责研究所的工作，时任当时检察院参事的陈凌云第一个找到了常书鸿商量。陈凌云早在1934年赴法国考察时找常书鸿做他的翻译，所以对常书鸿的情况比较了解，加上当时翻译一些外国材料时他答应回国后出版时署上常书鸿的名字，但后来只署了他自己的名字，自知对常书鸿内心有愧，又了解常书鸿对敦煌的痴迷，所以，这次主动找到常书鸿商量去敦煌任职的事情。

听到这个消息常书鸿异常兴奋。想起自己归国的目的就是为了去敦煌寻找梦想的艺术，转眼四年过去了，可自己离敦煌依然是那么遥远，如今机会终于来了，常书鸿顾不得想那么多就满口答应了下来。这次成立敦煌艺术研究所是由时任监察院院长的于右任提议并亲自草拟了报告："似此东方民族之文艺渊海若再不积极设法保护，世称敦煌文物恐遂湮消，非特为考古暨博物家所叹息，实是民族最大之损失，因此，提议设立敦煌艺术学院招募大学艺术学生，就地研习，寓保管于研究之中，费用不多，成功特大，拟请教育部负责筹划办理。"筹委会主任准备由甘宁青监察使高一涵担任。常书鸿把这个消息告知了梁思成和徐悲鸿，两人对常书鸿的决定表示了赞同和鼓励。梁思成说："你这破釜沉舟的决心我很敬佩，如果我身体好，我也会去的呢！祝你有志者事竟成。"徐悲鸿说："如果真的想认识敦煌，真的想认识中国古代文明的话，那么除了自己去敦煌，再无别路可走。像唐玄奘法师那样带着苦行僧的精神，去保护敦煌的民族艺术宝库，去整理它、研究它，坚持到最后！”两位的鼓励使常书鸿更加坚定了去敦煌的信心。

临行之前，常书鸿特意去拜访了于右任先生，两人进行了一次促膝长谈。说起敦煌，于右任先生谈起他在 1940 年去西北时专程去敦煌千佛洞参观考察，发现敦煌作为民族文化艺术宝库，其价值和意义对于研究中国文化艺术具有不可估量的意义，是一座包括 4 世纪至 14 世纪上千年之久的文化艺术宝库，在世界上是很罕见的。从那以后，他就决定向政府建议将敦煌千佛洞收归国有，并成立相应的研究机构，对敦煌文物进行研究和保护。常书鸿此次决心去敦煌让于右任感到特别地敬佩。他表示，敦煌地处沙漠，与城市隔绝，生活十分艰苦，如果没有事业心的人去那里是待不了多久的，并认为常书鸿有在国外留学的经历，眼界开阔，懂得敦煌作为民族历史、宗教、语言、文字、艺术等学问的保护和研究的重要性。他指出，在 1900 年敦煌的宝藏被发现后，先后经过英、法、俄、日、美等国的掠夺，他们回去后已有不少的研究成果面世，并结集出版了不少研究敦煌的佛教艺术和写经的有关历史、文学、宗教等，而且已经有了“敦煌学”的称谓。目前的工作只能先从保护开始了，同时清理积沙，修理栈道，保护树木，等等。在对壁画的保护上，于右任还建议从临摹壁画和塑像开始，与于右任先生的谈话使常书鸿受益匪浅。

一切的准备工作做好后，常书鸿踏上了去往敦煌的路程。在当时的环境和条件下要深入中国大西北的沙漠腹地，而且还要在那里干出一番事业，中国历史上也就只有两人经历过，一个是汉代的张骞，一个是唐代的玄奘，他们都是长途跋涉在荒无人烟的戈壁沙滩一步一个脚印地完成了自己的使命，经受了各种难以想象的人间和自然界的折磨和考验，以自己的忠贞和毅力做出了被千古传颂的伟大业绩。常书鸿唯一的心愿就是去敦煌研究和保护那些洞窟艺术。常言道，万事开头难！想使荒废了数百年的敦煌艺术得到很好的保护并重新发扬光大，为更多的世人所熟知，将是一个复杂而艰巨的任务。敦煌身处沙漠戈壁，交通不便，人烟稀少，常书鸿清楚地意识到必须有一个过硬的团队和坚强的意志才能完成这项任务。当常书鸿向主管部门的教育部负责人提出自己要配备设备和工作人员时，得到的答案是让常书鸿自己解决，教育部唯一能够提供的就只有发给敦煌艺术研究所一笔有限的经费，其他就再也没有实质性的支持和帮助了。无奈，常书鸿想起了办画展来筹集经费的打算。画展如期举办，并有徐悲鸿亲自作序：“油绘之入中国，不佞曾与其劳。而其争盟艺坛，蔚为大观，尤在近七八年以来，盖其间英才辈出。在留学国，目灿艺事之衰微；在祖国，则复兴之期待迫切。于是素有抱负，而生怀异秉之士，莫不挺身而起，共襄大业。常书鸿先生亦其中之一，而艺坛之雄也。常先生留学巴黎近十年，师新古典主义大师劳朗斯先生，归国之前，曾集合所作，展览于巴黎。吾友干米叶·莫葛蕾先生曾为文张之。莫葛蕾先生，乃今日世界最大文艺批评家，不轻易以一字许人者也。法京国立外国美术馆亦购藏陈列常先生作品，此为国人在国外文化界所得之异数也。常先生工作既勤，作品亦随时随地为人争致，难以集合。兹将有西北之行，故以最近所作，各类油绘人物风景之属，凡四十余幅问世，类皆精品。抗战以还，陪都人士，雅增文物之好。常先生此展，必将一新其耳目也。”除了作长篇序言，在画展开幕当天，徐悲鸿还抱病前去观展，并拿了自己的一幅《五鸡图》与常书鸿进行交换作为纪念，表示他对常书鸿的支持。这次画展得到重庆各界的广泛赞同和支持，展出的40余幅油画作品几乎全部售出，凑得了前往敦煌的几万元经费。

1942年8月，在所有的基础工作做好之后，重庆的报纸也报道了国立敦煌艺术研究所即将筹备成立的消息。公布了由七人组成的筹备委员会委员名单，其中甘宁青监察使高一涵任主任委员，常书鸿任副主任，王子云任秘书，张庚由、郑通和、张大千、窦景椿等任委员。

在不懈的努力下，对敦煌艺术研究所的一切准备工作才算告一段落，常书鸿可以暂时松一口气了。六年前在巴黎第一次遇到敦煌艺术画册时激动的情景犹在眼前，现如今自己终于可以亲自前往敦煌一睹这些作品的真容时，常书鸿不觉显得有些激动，又有些兴奋。“离开热闹繁华、车水马龙的大城市，去戈壁沙漠，感觉好像是离开了人世间的生活，我明白了前途之多艰难。但是，敦煌这座沙漠中的宝岛征服了我，我完全入迷了。对祖国文化我有着深深的热爱和憧憬。作为一个爱国知识分子，不论遇到什么困难，都绝不后退半步。”①

从重庆飞往西北高原兰州的飞机在不知不觉中已经降落。古城兰州的街道依稀有几个人穿梭，人们都穿着厚厚的棉衣，缩卷着身子在大街上匆匆行走。或许是严冬的缘故，一切都显得那么萧条空旷，没有一点生机。看到这里，常书鸿内心不觉生出一丝凄凉之感。

“其时，常书鸿刚刚迈入不惑之年，有一个值得称道的家庭，妻子是跟随自己多年，一同留法学习雕塑

---

① 常书鸿、池田大作：《敦煌的光彩：常书鸿、池田大作对谈录》，人民日报出版社，2011年版，第54页。

的陈芝秀，有一女一子，子女当时尚幼。作为一个出国留学近10年，可以说功成名就，生活相当优裕的画家，即使在40年代初的动荡年代里，他仍可有多种选择，但他最终毅然选择去敦煌。这一最终选择实际上标志着常书鸿艺术观、人生观的重大变革。”[①]

第二天，担任敦煌艺术研究所筹委会主任、甘宁青监察使的高一涵亲自到常书鸿下榻的旅馆看望，并带常书鸿分别拜访了甘肃省政府主席谷正伦、西北军将领朱绍良、省参议会议长张鸿汀、老历史学家幕少堂以及西北公路局局长何竞武等。熟悉了筹委会的班底以后，接下来就是要进入实质的筹备工作了。1942年年底在常书鸿的一再催促下，终于在兰州召开了敦煌艺术研究所筹备委员会会议，并初步决定了敦煌艺术研究所的各项筹备工作。在筹备期间，有人提出把研究所设在兰州，这首先遭到了常书鸿的反对，常书鸿认为兰州距离敦煌有1200公里的路程，距离太远，既不利于对敦煌艺术的研究，更不利于对敦煌的保护。常书鸿的反对意见遭到了一些人的忌恨，本来想通过筹委会想大捞一把的官员们开始采取不配合的态度，工作因此进入僵局。

时间一天一天过去了，常书鸿像热锅上的蚂蚁，

① 李砚祖：《永生的艺术道路——常书鸿先生与敦煌》，《浙江与敦煌学》，浙江古籍出版社，2004年版。

眼看就要到敦煌了，但工作就此搁置，人员和物资都没有着落。无奈之下，常书鸿只得自己寻找突破口。一次偶然的机会，常书鸿遇见了在西北公路局工作的国立北平艺专时的学生龚祥礼，两人一见如故，经过常书鸿的一再劝说，龚祥礼答应随常书鸿一同前往敦煌，临行前龚祥礼又推荐了一名小学美术教员陈延儒，有两名队员的加入，常书鸿内心感到踏实很多。后来又经过与省教育厅的交涉，由省公路局推荐了一位叫刘荣曾的文书。再加上常书鸿招聘的一名会计，敦煌艺术研究所的班子算是建立起来了，接下来就是真正地深入现场开展工作了。常书鸿没有想到接下的困难远远超出了他的想象。

3. 与敦煌在一起的日子

1943 年 2 月 20 日清晨，常书鸿一行 6 人借着东方一缕朝霞，满怀崇敬的心情开始了他一生难忘的敦煌之行。他们所乘的交通工具是一辆破旧的敞篷卡车，轰轰声响、浓浓的黑烟不禁让人有些怀疑这辆卡车是否能载着他们到达目的地。

敦煌位于甘肃省西北部，隶属甘肃省酒泉市管辖，是历史上汉武帝为了抵御匈奴所建的“河西四郡”之一，曾是中西交通的枢纽要道，丝绸之路上的咽喉钥匙，敦煌的气候干燥，降雨量很少，而且蒸发量大，昼夜温差大，自然条件非常恶劣。按照中国古代人畜皆可完成的长途交通驿站的标准行程，每日约行70华里，从兰州到敦煌若按照这样的行程大约需要半个月的时间。可常书鸿的车队在这沙漠戈壁当中用了一个多月才走完。敞篷卡车由于机器零件陈旧，路上经常抛锚，加上司机技术水平有限，道路坎坷，几乎是走走停停，行程十分缓慢。夜间戈壁滩上的风沙犹如刀子一样抽打着车上的每一个行人，冻得人瑟瑟发抖。幸好，临行前他们预估了沿途的天气，事先准备了老羊皮大衣、毡帽等，一路走来，历经千辛万苦。沿途所见所闻皆一片凄惨、悲凉，这片被国民政府统治的区域，仿佛是被世界遗忘的角落，到处充满贫穷、饥饿、荒凉，一片颓败的景象。敞篷车在接近敦煌时完全失去了它的功能，因为已经没路可走了，一眼望去，全是一堆堆的沙丘以及零零星星的骆驼刺、芨芨草，一股死亡的气息扑面而来。这片区域只能靠骆驼帮忙了。常书鸿一行就近雇了10头骆驼，开始了他们的徒步沙漠之行。

伴随着有节奏的骆驼铃声，常书鸿的小队伍摇摇摆摆地向沙漠深处走去。沙漠中最缺的就是水，然而，常书鸿一行带的水早已经用尽，看着同伴们个个干裂的嘴唇和脸上被风吹得像刀划过的裂纹，常书鸿的内心尤其感动。难怪兰州的很多人不愿意到敦煌去，不说别的，仅从兰州到敦煌的路程就要闯过多少道鬼门关。

当一轮红日从崎岖的三危山头升起的时候，沙漠的烈日显得格外地大格外地红。此时，骆驼客告诉他们再过不远就要到达他们的目的地了。听到这里，每一位队员都显得格外精神，大家个个睁大眼睛，不停地朝前方张望。当骆驼队转过一个沙丘时，所有的人都欢呼起来。透过沙丘的夹缝，不远处有一簇绿色呈现在他们面前，大家争相议论着，眉飞色舞，激动的心情难以表达，这时骆驼队也加快了脚步飞快地向绿地奔去。此时，他们已经忘却了饥饿与干渴，忘却了一个月以来在沙漠中所遭受的一切苦难，仿佛到了天国。大伙完全被眼前壮观的景色镇住了，不远处密密麻麻的石窟像蜂房一样排列在峭壁上，如此壮观的场景在一望无垠的沙漠中出现真是人间奇迹，一股对伟大民族艺术的敬仰之情油然涌向心头。常书鸿此时不禁想起了七年前自己在巴黎的书摊上看到的《敦煌千佛洞》，飞天夜叉、天神菩萨的形象仿佛就在眼前浮现。常书鸿一行跳下骆驼，朝着向往已久的民族艺术宝库跑去。

到达敦煌的第一天，常书鸿顾不上休息，已经迫不及待地开始对敦煌的第一次巡礼。这座世间难得的艺术宝库已经在常书鸿内心深处埋藏得太久了，他几乎每天抱着崇敬的心态思考着敦煌艺术，那粗犷的运笔线条、明快的色块已经深深地植入了他的脑海，他已经把敦煌艺术融入自己的生命体中。如今经历千辛万苦终于抵达这块神圣的艺术圣地，怎能不让他激动？他早已不顾旅途劳累，迫不及待地冲进石窟，端详着那精美绝伦的壁画和雕塑。真是太美了！这里的每一个洞窟都具有独特的令人陶醉的艺术魅力，这里的艺术不但时间跨度大，历经晋、魏、隋、唐、五代、宋、西夏、元，从公元 4 世纪到 14 世纪的 1000 年的时间。而且每个时期的艺术表现手法都有区别，五代时期的窟檐斗拱上鲜艳的梁柱花纹，隋代窟顶的联珠飞马图案，以及吴道子般的吴带当风的盛唐飞天等，这些体现着民族传统与时代风格的绘画，呼之欲出、栩栩如生地展现在他的眼前。此时的常书鸿不禁想到西方文艺复兴时期乔托的《小鸟说法图》，相比敦煌石窟中的壁画，在艺术造诣上逊色多了，从时间的跨度上，西方文艺复兴绘画风格的表现在中国 1000 多年前的唐代就已经很成熟了。在这个伟大的民族艺术宝库面前，常书鸿感到深深的内疚，自己漂洋过海，历尽千辛万苦到欧洲去学习那里的艺术，却对自己民族的伟大艺术一无所知，这不能不说是一种悲哀！

敦煌艺术的绚丽灿烂令常书鸿由衷地感到一种民

族自豪感，与此同时，莫大的愤慨和一种耻辱感也从他内心升起。由于自己国家的积贫积弱，早在20世纪初期，敦煌艺术就曾遭受西方帝国主义列强的疯狂掠夺，被封存在第17窟近千年之久的历代经卷、画卷、古文手抄本、契约等宝藏被道士王园禄发现后勾结当地土豪及外国盗宝者奥勃布鲁切夫、斯坦因、伯希和等人先后盗去数以万计的各式国宝。如今只剩下空空如也的藏经洞默默地述说着历史的沧海桑田。常书鸿站在藏经洞前陷入深思，宝藏已经被掠夺三四十年的时间了，如今敦煌石窟仍然得不到有关部门的保护和重视，那里的牧羊人、淘金沙人经常肆无忌惮地在洞中烧水做饭，随意砍伐树木，致使洞窟内的流沙大面积堆积，壁画脱落，敦煌石窟日益受到大自然和人为的破坏，已经是千疮百孔，"当看到现存的石窟仍在受到自然和人为的破坏时，我下决心不能再让它遭受如此残酷的损害"①。若再不采取行动，中华民族的优秀文化艺术宝藏将会消失在历史的长河中，想到这里，常书鸿顿时觉得自己身上的担子是多么沉重。

敦煌在经过1000余年的风沙洗礼之后，就像一位暮年的老者，已经变得十分脆弱了。有的洞窟已经毁坏消失，有的洞窟被流沙掩埋。要想保护这些洞窟不

① 常书鸿、池田大作：《敦煌的光彩：常书鸿、池田大作对谈录》，人民日报出版社，2011年版，第73页。

再受到大自然的破坏，首先要做的就是清理窟内的流沙。常书鸿一行5人坐下来研究方案，他们目睹了几个窟顶破损后流沙经由洞口灌入，堆积得几乎连人都进不去了，类似于这样的洞窟至少有上百个。后来经过计算，要全部把堵塞的流沙清走，仅雇民工就需要法币300万元，常书鸿一听吓了一跳，教育部临行给他们的全部资金也只有5万元，何况在来时沿途已经消耗掉不少，所剩无几。无奈，常书鸿只能向敦煌县的县长求助，却得到县长的一顿嘲讽。一次偶然的机会，常书鸿发现前来敦煌赶庙会做买卖的小商贩用沙土加水居然在地上筑起了一堵小围墙，这个发现让常书鸿兴奋不已。经过打听,原来千佛洞的水含碱量很大，用水拌沙子夯实了完全可以筑墙。每年千佛洞的庙会都会引来大量香客聚集，随之也带来了对洞窟的严重破坏，加上进入夏季后，途经千佛洞的挖金沙人都要在洞中居住，他们肆意烧火煮饭，对石窟艺术作品的破坏很大。常书鸿只有5个人，管理偌大的石窟群往往是顾此失彼，根本无法照管，所以，修筑一道围墙刻不容缓。经过常书鸿的再三努力，终于在县长的帮助下筑起了一道1000米的土墙，这道墙的修筑对洞窟的保护起了很大的作用。

大家对于初战告捷的顺利都表现出了喜悦之情，虽然经历了很多困难，但对石窟的保护取得了初步成

常书鸿在认真临摹壁画

效。在常书鸿的带领下，5名工作人员紧张有序地开展工作，大家虽然都是初出茅庐，但都想干一番事业，所以情绪都比较高昂。他们制订了周密的计划，通过测绘石窟图、窟前除沙、洞窟内容调整、石窟编号、壁画临摹等步步推进。

经过一段时间的艰苦努力，他们到敦煌石窟的消息不胫而走，常书鸿在国立艺专的学生董希文和他的妻子张琳英从大后方风尘仆仆地赶到敦煌，过了一段时间，张民权、李浴、周绍淼、乌密风也来了，这些学生的到来仿佛为常书鸿带来了无穷的动力，使他的胆量又壮大了起来。

随着调查和保护工作的开展，常书鸿带领的团队生活条件变得越来越艰苦。四五个月过去了，重庆教育部没有汇给研究所一分钱，常书鸿无奈之下只好向敦煌县政府借钱度日，因此，债台也就越筑越高。更可怕的困难是远离社会的孤独和寂寞，在这荒无人烟的戈壁沙漠里，信息不灵，交通不便，职工们没有娱乐活动，生活枯燥乏味，得不到亲戚朋友的消息，甚至得了病之后不能得到医治。

在敦煌的日子里，常书鸿作为研究所的所长，肩上的担子比谁都重，他不但要指挥大家有序地开展工作，还要制订计划为大家的生活煞费苦心。当时国民政府提供的经费经常中断，常书鸿就只能带领大家想办法渡过难关，不但在工作上鼓励大家，还要在生活上给大家保障，心理上抚慰大家。每到工作之余，他都想起远在重庆的妻子和儿女。后来在一次回重庆向教育部要钱和筹备展览时顺道把妻子儿女接到敦煌。初到敦煌，他们都被这座绚丽多彩的艺术宫殿所吸引，被敦煌艺术的博大和精美而折服，慢慢都适应了这里的生活，妻子陈芝秀重新唤起了对艺术创作的热情，开始了她临摹敦煌彩塑的工作。如今一家人终于可以团聚了，在他们相互探讨和交流的过程中，陈芝秀对敦煌雕塑有了新的认识和理解，这让常书鸿内心感到由衷的安慰。这些年自己在外奔波，没有时间照顾妻子儿女，欠他们的太多了，妻子又要跟着自己到这寥无人烟的荒漠之地受苦。还好，妻子陈芝秀对敦煌的雕塑十分喜爱，这或许能让他在心灵上得到些许抚慰。想到这里，常书鸿内心也就平静很多，又开始了自己紧张的工作。好景不长，不久妻子陈芝秀被人挑唆离他们而去，并在兰州登报与常书鸿解除婚姻关系，常书鸿得知后犹如五雷轰顶，立即骑马连夜追赶妻子，但最终没能把妻子追回来。这对常书鸿是一个巨大的打击。妻子陪他留学海外，归国后又遭受了种种磨难，现如今却离他而去，这让常书鸿陷入反思。他反问自己到底要得到什么，家庭？事业？最终常书鸿毅然选择了事业。从此，常书鸿就把在酒泉上中学的女儿常沙娜接到敦煌莫高窟和自己一起学习临摹壁画，并照料失去母亲的弟弟。

当常书鸿为自己在敦煌所取得的成绩感到些许安慰，并憧憬着事业的美好前景时，1945 年 7 月，他接到国民党政府教育部发来的一道命令，宣布撤销敦煌艺术研究所，并命令常书鸿把石窟交给敦煌县政府管理。这一突如其来的变故让常书鸿惊呆了，前妻出走的噩梦还没有平息，事业上又遭受来自政府的如此打击，常书鸿几乎绝望了，自己辛苦建立起来的研究所，就这样变得不堪一击？面对千疮百孔的石窟等着人去修补，就这样眼睁睁地看着千年的文化宝库被破坏？屡次的受挫使常书鸿开始怀疑自己到敦煌的目的：“难道我的一生就要这样陪伴着黄沙结束吗？然而，在黄沙的彼岸，我却发现了闪烁着光辉的绿色宝珠。我向往唐代美丽的绘画，我憧憬在巴黎所看到过的丝绸绘画《父母恩重经》中所描绘的在空中自由飘舞的飞天和优美动人、雍容大度的观世音菩萨。对那沙漠中闪闪发光的宝珠的向往，打消了我心中的疑虑和矛盾。从此以后，我将不再是巴黎蒙巴纳斯的画家，我已脱胎换骨，成了研究、保护敦煌艺术的苦行僧。"[①]

常书鸿打起精神抱着一颗不屈的心，向于右任等人写信，呼吁保护敦煌的重要性，说明研究所一年多来辛苦的研究所取得的成果对敦煌未来的意义，可最终他的呼吁石沉大海。为了稳定大家逐渐涣散的思想情绪，常书鸿想尽一切办法各方呼吁对敦煌研究所的保护和支持。在工作和生活上他又从各方面节约开支，为敦煌的临摹、研究、调查做了有力的保障。8 月 15 日，传来日寇投降的消息，同时也传来了国民党中央研究院接管研究所的通知并汇来了一笔经费。大家欢欣雀跃，常书鸿为此还特意杀了一只羊表示庆祝。

但是，常年的与世隔绝苦行僧般的生活让一些职工无心再待在这荒凉的戈壁沙滩，想尽早离开此地，于是一股散伙潮又一次考验着常书鸿的心灵。

---

① 常书鸿、池田大作：《敦煌的光彩：常书鸿、池田大作对谈录》，人民日报出版社，2011 年版，第 55 页。

最先提出离开的是董希文夫妇，随后是李浴、周绍淼、乌密风、潘洁兹也相继离去。这对常书鸿来说是一种无奈的选择，想想刚开展敦煌工作的时候，他们都是自己最得力的助手，为敦煌的研究立下了汗马功劳，如今因为各种原因都要离去，不管怎样，这些都是陪他共同渡过难关的同志、至交，工作中的好助手。接下来就剩下常书鸿及一双儿女，还有两位老工友窦占彪、范华两人。常书鸿只能暂时停下敦煌的研究工作，带着儿女前往国民政府所在地重庆。当时的重庆已经陷入了混乱，常书鸿经过两三个月的奔走终于找到了刚从延安参观回来的中央研究院傅斯年院长，在向傅斯年汇报了情况以后，傅斯年对常书鸿孤军奋战的精神表示十分地敬佩，并协助解决了研究所的经费、隶属关系和补充人员等问题。最后还为常书鸿配备了一辆十轮大卡车，又购置了发电机、照相机、胶卷、图纸、画笔、颜料等，如此多的设备配备令常书鸿始料未及。

常书鸿有了中央研究院提供的经费及物资，内心又激发了复兴敦煌艺术研究所的热情。他除了购置保护敦煌的必需品外，又不忘招兵买马，充实队伍，先后招聘了中央大学艺术系毕业生梁世清夫妇、南京师范大学毕业的刘缦云、国立艺专雕塑系毕业生凌春德、四川省立艺专图案系毕业生霍熙亮、四川省立艺专教授沈福文夫妇。车子从重庆出发开往敦煌，沿途走走停停，一个月后才到达兰州，这时又来了一位叫段文杰的青年。在兰州经过短暂的休整后，常书鸿带领人马继续西行，于 1946 年中秋节前夕到达敦煌。有了中央研究院调拨的经费及物资设备，敦煌艺术研究所工作的重新开展是一件可喜的事情。常书鸿也终于松了口气，中断了的研究工作很快又可以重新开工了。

1947 年的夏天，常书鸿带领下的敦煌艺术研究所取得了可喜的成绩，同时，又增添了一批有志于敦煌研究的年轻人，欧阳琳、李承仙、薛德嘉、萧克俭等，其中，李承仙由于机缘巧合成了常书鸿的第二任妻子，在工作上给了常书鸿很大的支持，夫妻二人成了“敦煌痴人”。这批生力军的到来，不仅使研究所充满了朝气，而且也使停顿了不少的工作得以开展起来，临摹的队伍也十分齐整了。敦煌艺术研究所在常书鸿的带领下，大家齐心协力，完成了大量的工作，截至 1948 年初，他们先后按计划完成了《历代壁画代表作选》《历代藻井图案选》《历代佛光图案选》《历代莲座图案选》《历代飞天选》等十几个专项选题的编选工作，为了更好地宣传、介绍、保护敦煌，常书鸿计划选出壁画模本 800 余幅在全国各大城市进行展览，然后再到国外展出。在向教育部报告之后，展览于 8 月在南京展出，当时蒋介石还冒雨前去参观，于右任、陈立夫、孙科、傅斯年等都参观了展览。南京展览结束后又移到上海继续展出，展览获得空前成功，各报刊媒体争相报道。展览期间，常书鸿预感到国民党气数将尽，为防止国民党政府教育部取走敦煌的全部摹本，连夜将摹本分别交给上海李承仙的姐夫朱惠康和杭州常书鸿的大哥常书林帮忙隐藏。1948 年 12 月 14 日，常书鸿在上海《大公报》发表《从敦煌近事说到千佛洞的危机》一文，呼吁与流沙斗争是干系到敦煌洞窟存亡的大问题，文章刊出后受到各方关注。

1949 年 9 月 28 日，敦煌继酒泉、玉门、安西之后迎来了解放。从此，敦煌的历史翻开了新的一页。常

常书鸿与妻子李承仙被称为“敦煌痴人”

书鸿带领所里所有职工在九层楼上敲钟21下，庆祝敦煌新时代的来临。第二天，一支雄壮的解放军部队进驻敦煌莫高窟。常书鸿陪同团长张献奎、政委戚成德参观敦煌莫高窟。几日后，常书鸿受敦煌县人民政府之邀，出席庆祝敦煌县胜利解放的军民联欢庆祝大会。国庆节后，常书鸿接到郭沫若和郑振铎发来希望他坚守工作岗位的电报，期间，常书鸿又陆续接到来自北京、沈阳、上海等地的慰问信件、书籍及有关党的文艺政策的宣传资料，常书鸿备受鼓舞。回想起在敦煌所遭受的种种磨难，常书鸿顿时体会到在共产党领导下的新中国对祖国文化遗产的关心和爱护，恰恰与国民党反动政府对文化工作的摧残破坏形成鲜明的对比。10月20日，敦煌艺术研究所划归酒泉军分区接管，随后，敦煌的研究工作由于受到极“左”思潮的影响，一些同事坚持不再进行被认为是宣传封建迷信的壁画临摹工作，提议搞大生产，对壁画的临摹研究工作出现停滞。看到这种情况，常书鸿心急如焚，把所里面临的情况向政务院郑振铎局长做了汇报，不久，时任西北军政委员会文化部文物处处长赵望云、副处长张明坦接管敦煌艺术研究所，他们对常书鸿等七八年来的工作经验和教训做了总结，并制订了今后的工作计划、经费预算及工作人员工资待遇等，从此，敦煌艺术研究所直接受西北军政委员会文化部领导。1950年9月，常书鸿受邀参加西北文艺工作者第一次代表大会。期间接到郑振铎的急电，为了配合抗美援朝，进行爱国主义教育，要求常书鸿在北京举办一个大型敦煌文物展览会。接到通知，常书鸿连夜骑马独自一人从敦煌县城赶到千佛洞准备展览作品。凌晨 4 点，常书鸿把准备好的展品又连夜运到敦煌县城随车一同进京布展。1951 年敦煌艺术研究所改名敦煌文物研究室。而这次进京展览是由敦煌文物研究所和中国历史博物馆共同主办，名字为“敦煌文物展”，地点设在故宫午门楼上，就在布展前夕，周恩来总理亲自到现场参观了展览并给予了极高的评价。总理参观后，1951 年 4 月 10 日举行预展，接待中央人民政府有关首长及文化艺术、文物、科学各界人士 200 余人参观。开幕式现场，郭沫若亲临会场指导，并题词：“这样规模的研究业绩值得敬佩，不仅在美术史上是一大贡献，在爱国主义教育上贡献更大。”胡愈之题词：“我从这里认识了我们祖国的伟大，也认识了我们文艺工作者的伟大。”这次展览展出的敦煌文物、文献及壁画模本等共计 1220 件，是中华人民共和国成立以来规模最大的一次文物展览，极大地鼓舞了军民的爱国热情，获得了巨大的成功和反响，全国报纸、杂志纷纷报道介绍敦煌的文物艺术，并对常书鸿带领的团队所做出的工作表示赞扬。中央人民政府在 6 月 6 日再次对常书鸿的工作团队颁发奖金和奖状，由郭沫若亲自颁奖。

新华通讯社对这次活动也进行了报道："政务院文化教育委员会以敦煌文物研究所全体工作人员，八年来在极其艰苦困难的条件下，从事敦煌莫高窟壁画的摹绘和研究工作，成绩很大，对中国自北魏、隋唐以来千余年间劳动人民辉煌灿烂的文化遗产，尽了宣扬和保护之功，特呈请政务院批准，发给该所全体工作人员奖状及奖金，以示鼓励。"时任副总理的郭沫若亲笔书写了奖状："敦煌文物研究所全体工作人员在所长常书鸿领导下长期埋头工作，保护并摹绘了一千五百多年来劳动人民辉煌的艺术伟制，使广大人民得到欣赏研究的机会，这种爱国主义的精神是值得表扬的，特颁奖状，以资鼓励。"

获奖的当天晚上，常书鸿百感交集，彻夜难眠，伏案疾书，把这一喜讯向全所的工作人员做了汇报，他的最后一段话是这样写的："今天的问题是，为了不辜负党和人民政府给我们的鼓励和鞭策，我们应该再接再厉，以忘我的热情和劳动，更进一步对敦煌文物加强保护和研究，用马列主义、毛泽东思想为武器，对敦煌文物进行批判地研究和分析，推陈出新，古为今用，作为我们从此时此地的人民生活中的文学艺术加工成为观念形态上的文学艺术作品时的借鉴。"

自敦煌艺术研究所更名为敦煌文物研究所后，

1951 年敦煌文物研究所作为中央文化教育委员会社会文化事业管理局的直属机构，研究所的工作，不论在人力、物力、财力上都得到了加强，同时在工作和学习上也能及时得到中央方针政策的指引。消除了一些同时认为保护敦煌文物是维护封建残余的顾虑和错误认识，敦煌的研究工作才得以顺利开展。

对敦煌的保护和研究，临摹是基础，临摹是通过艺术实践，深刻地学习和体会艺术的传统，也是研究和锻炼的过程。为了提高临摹工作质量，常书鸿要求不仅要研究掌握壁画艺术的技法、建筑，掌握树木和山水的布局，还要研究熟悉作品的主要内容、时代背景等。1951 年以后，常书鸿带领所里同事开展了整个洞窟的临摹工作。1954 年常书鸿又集中全所工作人员进行一年之久的敦煌图案临摹。1955 年，常书鸿又集中全体美术工作者对莫高窟各时代代表作进行原大、原色、忠实性的临摹。从 1956 年至 1957 年常书鸿又集中全部人力对安西榆林石窟壁画进行临摹。在这以后的几年里，在常书鸿的带领下，所里又集中临摹了敦煌文物服饰，对洞内壁画中各时代的佛经人物服饰有选择、有计划地临摹。这些服饰的分类临摹对于研究古代各阶层人物的服饰及对现今科学地研究历史文化，以此对创作历史画、电影、戏剧等有积极的借鉴作用。20 世纪 60 年代初，常书鸿继续带领所里同事对洞窟做整窟原大、原色的真实性临摹。

临摹古画，是中华民族绘画传统中的一项不可缺少的课题，是客观地再现作品的形态和色彩，展示作品的神态和笔韵的重要环节。敦煌石窟艺术的临摹工作，从 1943 年开始，已经有 30 年的历史了，但中华人民共和国成立前 7 年，由于人力设备等条件的限制，规模和收获都不很大，只有中华人民共和国成立后才大规模地开展，并取得了显著的成绩。在常书鸿的带领下，前后临摹了北魏、隋、唐、五代、宋、西夏、元等各时代的壁画代表作品，共计约 1300 平方米。其中一些模本前后 30 余次在国内外展出。敦煌艺术的临摹工作是保护敦煌文物的一项手段，也是分析研究古代艺术发展演变的重要实践。通过对古代绘画的临摹，从中可以总结经验，吸取传统营养，同时，为艺术家的自身创作的资源储备也很有帮助，常书鸿认为："绘画必须吸收新鲜的东西，不断丰富自己。从敦煌壁画就可以了解这一点。那里既有中国独自的风格，也有外国的影响。有许多是受到外来影响才创造出自己绚丽多姿的文化的，唐代文化便是一例。我想过去日本的绘画也是引进中国艺术之后才形成并发展起来的。"①

在 20 世纪 60 年代初，常书鸿在经过 20 年的搜集

① 常书鸿、池田大作：《敦煌的光彩：常书鸿、池田大作对谈录》，人民日报出版社，2011 年版，第 130 页。

整理后，完成了《敦煌莫高窟供养人画像题识》《敦煌莫高窟石窟总录》的编写及相关敦煌艺术的出版和纪录片拍摄工作。除此之外，常书鸿还集中了所有业务人员撰写论文 20 多篇，集中阐述了他们对保护敦煌的认识和研究成果。

此后，常书鸿参加了赴印度、缅甸的出国访问团进行文化交流，在印度、缅甸举办了敦煌艺术展并做了介绍敦煌艺术的学术报告。考察了麦积山、炳灵寺和新疆石窟，为对外传播中华文化及保护做出了突出贡献。

1966 年，“文革”开始，打破了常书鸿的一切工作计划，造反派冲进常书鸿家里，撕毁了常书鸿的很多珍贵研究资料，还把常书鸿满口的牙齿全部打掉，在常书鸿家的老房子里掘地三尺寻找宝藏，常书鸿的脊椎被打伤，不能站立行走，劳动时只能两手撑地，跪着用膝盖爬行。

1977 年，兰州军区萧华政委和韩先楚司令员乘直升机访问莫高窟，这给常书鸿所在的研究所以极大的鼓舞。1978 年，常书鸿得到平反，恢复所长职务，对敦煌莫高窟重新开始了一系列的保护和研究工作。

1981 年，邓小平视察敦煌，当他得知常书鸿仍处在不利的环境时说：“我们不缺这个所长，常书鸿是我们国家的国宝，请他到北京去吧。”1982 年，根据邓小平的意见，常书鸿夫妇被调到北京。

1994年，常书鸿病危时再三叮嘱家人，一定要把他葬在敦煌。现在每当我们谈起敦煌，都会谈到常书鸿，他是敦煌艺术保护研究的开拓者、坚守者，他对敦煌艺术的探索和研究始终贯穿着他的一生，他以一个艺术家敏锐的眼光看到敦煌艺术在中国美术史上的重要地位和价值，他以超出常人的毅力穷其一生坚持对敦煌艺术的研究和保护，至死不渝，他把自己毕生的精力全部奉献给了敦煌，为敦煌事业的开创和发展做出了杰出的贡献，因此被人们称作“敦煌守护神”。

（吴江涛）

大漠隐士——段文杰

1944年，重庆举办了“敦煌壁画临摹展”，该展览展出的大量精美壁画是艺术家王子云、张大千历时两年七个月在大漠深处的敦煌石窟临摹完成的，这一划时代的举动犹如黑夜中的一颗流星划过，顿时轰动了山城，引起了人们激烈的讨论，同时也引起了当时就读于重庆国立艺专国画系学生段文杰的关注。这位从小就热爱艺术，并立志在艺术上有所作为的年轻人不惜徒步十余公里的路程去观看这次盛大的展览。展览果然没有让他失望，展厅里从未见过的200余幅色彩斑斓的敦煌壁画摹本立即深深地吸引了他。“进入展厅，鲜艳夺目的人物画强烈地吸引着我：飞天、伎乐、比真人更高的菩萨……特别是画在布上的巨型经变的宏伟场面，新颖的境界，一切都是富有生命力的艺术形象。唐伯虎、费晓楼的条幅虽然有其艺术价值，但的确无法与敦煌壁画的创造力和想象力相比。”[①]从此，这位痴迷于艺术的学子通过这次展览彻底被敦煌艺术征服。

1. 注定为敦煌而生

1917 年 8 月 23 日，段文杰出生在四川绵阳的一个小乡村里。本来还算殷实的家庭到了段文杰这里便显得有些拮据。在当地，段家原本是大户人家，段文杰的祖父兄弟四人共同经营一座制盐作坊，加上祖上传下来的房屋和土地，段家生活还能勉强维系。但好景不长，段文杰祖父不幸亡故，段家顿时失去了靠山。段文杰的父亲靠着祖母养猪、为人纺线等杂活供给读书坚持到中学毕业，后来投考了盐务局并顺利当了一名小职员。由于盐务局的工作性质具有很大的流动性，在段文杰 7 岁那年便和母亲一起随父亲离开了家乡，到蓬溪、遂宁一带生活。两年后，段文杰开始上小学，母亲却不幸病故，父亲后来又娶了当地一个雇农的女儿做继室。就这样，段文杰度过了他艰难困苦的童年。

① 段文杰：《八十春秋再回首》，《瞭望》，1996 年第 48 期。

日子虽然过得艰苦，但段文杰从小就喜欢写写画画，因此热爱美术的兴趣倒也给他带来不少的乐趣，从小就养成了自己独立的思考能力和自理能力。

转眼，段文杰升入高小部学习。“九一八”事变，日本帝国主义发动蓄谋已久的侵华战争，迅速侵占东三省，全国各地陷入紧张气氛。时任高小部校长的胡止峻在段文杰的人生启蒙上给予了很重要的影响。胡校长经常带领学生宣传抗战，为学生讲解当时发生的新闻时事，甚至还带领学生解救被国民政府吊打的农民，拆除代表封建迷信的庙宇用以修建坍塌的教室围墙，反对当地的土豪劣绅，这些经历对段文杰产生了积极的影响，树立了正确的人生价值观念和爱国情怀。1936 年，段文杰又随父亲搬到蓬溪县城，进入县立中学读书，不幸段文杰继母和祖母相继病逝，这给本来捉襟见肘的家庭又一次带来了沉重的打击，各种困难也随之落在了父亲一个人身上。段文杰从小经受了多重的生活困难及失去亲人的痛苦，所以十分的懂事，在家庭遇到新的困难时，他就一边上学一边帮助家里操持家务，为家里减轻了不少负担。卢沟桥事变后，在蓬溪、遂宁的中国共产党组织根据党中央“动员一切力量，争取抗战的胜利，使已经发动的抗战，发展成全民族的抗战，在国统区内放手发动抗日群众”的号召很快掀起了一股拯救国家危亡的抗日救亡运动。

作为学校，也很快响应号召积极参与开展活动，充分地发挥了中小学生在抗日救亡活动中的作用。段文杰因为从小对美术、音乐有爱好，所以比较擅长通过美术、音乐以及戏剧演出等形式来进行宣传，自然就成了这个宣传团的重要成员之一。段文杰所在的“蓬溪中等学校暑期救亡工作宣传队”从8月初开始就积极投入群众的公演之中。他们除了在县城演出，先后又在14个乡进行公演，在巡演中，全团队员凭着一股对宣传抗日的热情和对祖国的热爱，克服了种种困难，通常是从一个镇演出结束到另一个镇需要步行二三十里路程，还要背些道具和日用生活品，冒着夏季的酷热，忍受着蚊虫的叮咬，吃着简单的咸菜，白天加紧赶路，晚上还要紧张地为群众演出，他们团结协作，相互照应，不计任何报酬，只为唤醒民众抗日救亡的意识，抱着这种崇高的信念，段文杰所在的团40多人圆满地完成了宣传计划，演出深受民众的欢迎，收到了良好的效果。

1938年，段文杰毕业后被聘为常乐小学的教师，担任文史、音乐、美术方面的课程。在授课之余，段文杰还积极组织学生办壁报、墙报、宣传画、漫画及撰写文章宣传抗日救亡的进步思想。私下，段文杰参与了共产党的抗日救亡运动，秘密配合地下党员进行宣传并积极组织了各种募捐活动。后来由于国民党顽固派对人民群众的抗日救亡运动极端仇恨，暗中对各

青年时期的段文杰

地救亡运动严密监视，进行捣乱和破坏，致使党的活动转入地下秘密状态，多数参加活动的师生遭到遣散、迫害，段文杰被迫离开学校到成都一所南虹高级艺术职业学校学习。

此时，日本帝国主义正大肆发动侵华战争，到处烧杀抢掠，给中国人民造成了巨大的灾难，社会秩序受到严重的破坏。国家仅有的一所培养美术人才的学校国立艺专也被迫屡迁校址，先后从浙江的诸暨、江西的贵溪、湖南的沅陵、云南的昆明，最后到了重庆的璧山，在一座叫作“天上宫阙”的破旧庙宇中安顿下来。国立艺专入住重庆的消息很快传到了段文杰的耳朵里，这位自小热爱艺术尤其是美术的热血青年立即报名参加了国立艺专在成都的招生考试，由于事先准备得充分，再加上从小扎实的功底，段文杰以名列前茅的成绩被录取。入学后的段文杰不但在学业上出类拔萃，在团结师生上也赢得了认可，先后被推举为班级的班长，后又被推选为学生自治会主席。段文杰除了刻苦学习之外，还和自治会理事们团结一致推进艺专剧社的演出活动。私下段文杰依然积极开展抗日救亡宣传。在段文杰的积极率领下，新学期的第一个寒假便组成了一支20余人的抗日救亡宣传队到壁山、重庆等城市和乡村进行抗日宣传演出活动。在宣传活动中，段文杰除了要画宣传画，还要参加话剧演出等。在段文杰的带领下，大家虽然感觉到很累，但能为国家做些有益的工作，内心都感到光荣而愉快。

段文杰在国立艺专学习过程中共经历了三任校长，从最开始的吕凤子到陈之佛，再到潘天寿，个个在中国美术史上取得了辉煌的艺术成就。当时的国立艺专在师资力量上聘请了一批知名教授和优秀画家执教，如傅抱石、黎雄才、李可染、丰子恺、关良、黄君璧等，教学阵容强大，教授们又认真负责。所以，几年的学习生涯使段文杰在学业上的收获有了质的改变。段文杰在学校选的是国画科，主修人物画，在学习的过程中，他开始对老师讲授的传统仕女人物画无法接受，当时国画人物科只有一位老师任课，大多以传统写意山水为主。段文杰认为学校的那位老师讲的那种白额头、樱桃口、杨柳腰，看似弱不禁风的宫廷仕女离现实生活太远，在审美情感上无法表达激昂向上的创作热情。在当时国家备受凌辱的情况下，段文杰希望在这种民族危亡的时刻，能用绘画的语言表达国人的精神面貌，去揭露日本帝国主义侵略中国的种种罪行，描写中国人民家破人亡、流离失所的悲惨生活。

作为抗战时期临时首都的重庆，一时聚集了来自全国各地的文化界知名学者、艺术家，使这座本来平静的小城顿时沸腾起来，当时重庆是中国政府的大后方，每天都有来自全国各地的消息汇聚到这里。一次偶然的机会，段文杰听到有关敦煌的传闻。由于敦煌藏经洞被一位叫作王园禄的道士发现，之后，由于政府无能，道士无知，藏经洞里的大部分国宝被外国人掠走，这引起了当时学者的重视，他们奔走相告，呼吁国民政府保护敦煌文物，后来又隐约听到有些画家也相约去了敦煌，段文杰这时对敦煌有了一点大概的印象，对敦煌石窟艺术有了朦胧的初步认识，这时他还没有产生要去敦煌的念头，敦煌对他来说还很遥远。

直到王子云、张大千到重庆举办敦煌临摹展览，才唤起段文杰内心对敦煌艺术美的渴望和震撼，给他留下了一生难以忘怀的印象。敦煌壁画临摹展览展出的壁画作品色彩艳丽、构图饱满、线描优美，同明清以来的中国人物画有很大的不同，他们临摹的虽然是古代的壁画作品，但件件蕴含着生命的力量之美，给人以蓬勃向上的激情和阳光之美。在那样一个动乱的年代，人民正是需要这样的作品去鼓舞自身的斗志，激发人们的生活热情。段文杰在展厅整整待了一天的时间，他被那些精美的壁画作品深深地吸引了，在这里他也初步领略了敦煌壁画的风采，并迫切地想了解临摹敦煌壁画背后的故事。参观画展结束后，段文杰暗下决心一定要到敦煌去学习，汲取那里的营养为自己所用，以弥补目前人物画方面的不足。他把自己的想法和吕凤子、潘天寿、林风眠、陈之佛等人进行了沟通，结果得到了他们的一致赞同和鼓励，时任校长的潘天寿还特意为段文杰题词“行万里路，读万卷书”，以示对他的鼓励和支持。

2. 奔赴梦想的地方

1945 年，段文杰顺利从国立艺专毕业。他来不及和家人朋友打招呼就踏上奔赴敦煌的行程。临行前他约了杨洁青、程艾舟、郭瑞昌三位同学同往，又从同学那里借了些路费，匆匆搭乘一辆拉货的卡车向兰州方向驶去。卡车行驶途中又遇到一场大雨，几人由于没有东西遮挡都被大雨淋成了落汤鸡。段文杰随身携带的潘天寿为他题写的“行万里路，读万卷书”也被淋透，这张激励着他前行的题词被雨水毁坏，为此，段文杰十分痛心。后来他们转乘客车，不幸中途又翻了车，每个人浑身裹满了污泥，身体受不同程度的伤，所幸并没有大碍。在那个年代里，从重庆到敦煌还没有通火车，交通不像现代这么发达，长途跋涉只能靠汽车出行，而且还要转很多趟车才能到达。有时即便是有汽车也不容易买到车票，所以段文杰一行只能走走停停，停停走走，经过多次的折腾辗转才到达兰州。

几人到达兰州已是8月的中旬，一路的辛苦劳累早已经折腾得大家筋疲力尽。兰州是通往敦煌的必经之地，也是距离敦煌最繁华的城市，从兰州到敦煌约1200公里的路程，这段距离的路程将比他们从重庆到兰州更为艰难。段文杰几人想起了古时的玄奘西行取经、张骞出使西域无不是经过了千难险阻才成就个人的辉煌。如今几人千里迢迢来到这到处布满黄沙的地方，不正是为了获得更大的艺术成就而到敦煌取经的吗？想到这里几人顿时充满了激情和动力，沿途的劳累顿时抛到九霄云外。大家都知道，到了兰州，虽然距离敦煌还有1000多公里，但在心理上已经很近了，因为兰州是通往敦煌的最后站点。为了能更好地到达敦煌，几人暂时在兰州安顿下来缓解一路的劳顿，为开赴敦煌做充分的准备。没过多久，前方传来消息，我国抗日战争取得巨大胜利，日本人投降并撤出中国。听到这个消息，兰州城内顿时沸腾起来，大家欢欣雀跃、兴奋不已，人们都为终于可以不再受日寇的欺凌而欢呼，段文杰他们几人也兴奋得一夜没有合眼。庆祝胜利之后不久，段文杰几人正准备收拾随身物品前往敦煌，忽然听到传言说敦煌艺术研究所准备撤销了，而且在那里供职的人员已经陆续撤离。段文杰不相信自己的耳朵，认为这么重要的民族艺术遗产怎么能轻易被政府放弃呢？政府若不采取措施进行保护，敦煌将会再次受到破坏。没过多久，段文杰他们几人就遇到从敦煌撤到兰州的董希文、张琳英、乌密风、周绍淼、潘洁兹等，经过打听得知国民党政府确实准备撤销敦煌艺术研究所，他们准备在兰州举办画展筹足路费后就离开敦煌去寻求出路。得知情况后，段文杰一行几人顿时感到非常失望，想想几人一路颠簸，历尽千辛万苦才到达兰州，才沾上敦煌的边，研究所竟又被政府撤销了。无奈，几人只能暂时留下观察并帮助在兰州举办画展的画家们布置展厅。不久后，常书鸿一家也从敦煌撤到了兰州，段文杰再次抱着希望向常书鸿打听敦煌的情况并说明此次几人来兰州的目的。常书鸿听后叹了口气对段文杰说："现在有人要撤销敦煌艺术研究所，我这次就是要到教育部落实一下，我主张要办下去的，我去活动活动，如果继续办，我就回来，你现在去那里已经没有什么人了，不如在兰州等候消息，等我回来再一起到敦煌去。"[①]常书鸿肯定了敦煌撤销的消息并对段文杰给予安慰，鼓励他不要气馁，再等等看。同行的几位同学眼看着去敦煌无望，于是改

① 段文杰：《敦煌之梦》，江苏美术出版社，2007 年版，第 10 页。

变了主意打算回南方教书。段文杰对此并不甘心，他是下定决心要到敦煌去的，沿途又经历那么多苦难，半途而废岂不是可惜了，而且，听到常书鸿回去争取的想法就决定留下来等等看。

送走了几位同学，段文杰接下来要做一个长远的打算。他决定一边等待常书鸿的消息，一边在兰州工作养活自己。对于一个刚从学校毕业的学生来说，在社会上找工作，并不是件很容易的事。段文杰首先在公园里找到了一份代写介绍信的临时工作，业余再干些别的杂活，很难挣到大钱。在生活上也比较困难，住的是集体宿舍，睡的是木板床，生活十分简单。业余时间段文杰不忘拿出毛笔锻炼基本功，以备到敦煌时所用。

就这样，段文杰在兰州坚持了一年，经历了很多困苦。期间段文杰不断向重庆的老校长陈之佛去信打探敦煌艺术研究所恢复的情况。有一天，段文杰收到陈之佛的来信说敦煌艺术研究所就要恢复，常书鸿也将回到敦煌，这让段文杰终于盼到了希望。

不久后，常书鸿一行人马开着一辆破旧卡车经过兰州，段文杰终于如愿跟随常书鸿赶赴敦煌。一路走来，行程并不顺利，卡车穿梭在戈壁荒漠上，速度很慢，一天只能行走几百里。有时卡车抛锚，一时修不好，大家就只能在戈壁荒滩上过夜。荒漠中的夜色是美丽而迷人的，段文杰从未欣赏到如此灿烂的夜空，仿佛梦境一般。周围一片寂静，这让他想起了敦煌艺术的圣洁，难怪古人要把最好的东西放在这无边的戈壁沙漠。沙漠中的夜色虽然美丽，但气温也骤降得厉害，与白天的温度反差很大，大家半夜都被冻得瑟瑟发抖。就这样经过六七天的一路颠簸，段文杰终于到了日夜期盼的敦煌莫高窟。他顾不上旅途劳累，一头扎进洞窟中，如饥似渴地欣赏着壁画和彩塑。一口气转了几十个洞窟，他被洞窟内绚丽多彩的壁画深深打动，几乎忘了一切，陶醉在壁画艺术的海洋里。

在接下来的几天里，段文杰都把自己泡在洞窟内，他如饥似渴地欣赏着那一幅幅精美的画卷，在精神上得到了极大的满足。经过几天的欣赏，段文杰对莫高窟第一次有了初步的了解。由于年代久远，不少洞窟不同程度地遭受自然和人为的破坏，已经毁坏得相当严重，有些壁画因泥皮风化而脱落，有些雕塑则因碰撞而残缺，看到这些艺术精品伤痕累累，段文杰感到非常地痛心。

在敦煌莫高窟几天的细致观察，段文杰被洞窟中的精美壁画迷住了，虽然很多地方都有残缺，但这些壁画由于在不同时代被风化的原因，呈现出的不同的色彩效果而显得更加精美，充满历史的厚重感和沧桑感。由于欣赏的都是原作，这些壁画、雕塑给他的都是最直观的感受，所以段文杰不由得想起了两年前王子云、张大千在重庆展出的敦煌壁画临摹展。重庆的临摹展无疑是精美的，但与敦煌壁画的原作相比似乎逊色很多，从绘画的细微处对比，他们也只画了一个壁画的大概，深度上还不够，有些临本则是临摹者以自己的意愿对壁画的造型进行了修改。所以，段文杰经过对比，敦煌壁画原作的丰富性给他带来了更大的惊喜和震撼。他要把工作做得更扎实、更深入，把洞窟内的壁画更完整地临摹和保护起来，这项任务不但有意义而且任重道远，所以要有持之以恒的决心，才能有更大的收获。想到这，段文杰不禁心潮澎湃、浮想联翩。

“拿后来文人画的标准来衡量敦煌壁画，或者因为有工匠参加了壁画创作就贬低或否定敦煌壁画的艺术成就，是非常无知和可笑的。”段文杰在经过对莫高窟壁画考察之后得出这个结论。在不同的历史时期，洞窟内的壁画大多是由无名工匠完成的，线条苍劲挺拔，色彩奔放自由，丝毫不落俗套，不论是从规模和艺术技巧来看都足以代表中国古代壁画的最高水平。对敦煌艺术的起源历来有“西来说”和“东来说”两种观点。段文杰通过研究，认为这两种观点各持一端，都失之偏颇。他认为敦煌艺术是在深厚的汉晋文化传统的基础上，大量吸收外来艺术的营养而成长起来的中国式的佛教艺术。这一研究成果，得到了国内外敦煌学界的重视和肯定，为后继研究者打开敦煌石窟艺术的奥秘提供了一把钥匙。面对如此恢弘的艺术精品，如此巨大的艺术宝库，段文杰感到自己当初打算在敦煌待个一年半载的想法是多么地幼稚，若真要把敦煌理解透彻，不花上几年甚至十几年的时间是做不到的。段文杰下定决心，准备在敦煌打一个持久战，要对这座伟大的民族艺术宝库进行由表及里的深入研究。

1946 年的秋天，段文杰终于在敦煌担任实质性工作，他被常书鸿任命为考古组代组长，负责洞窟壁画的临摹和编号，以及内容调查、石窟的测量工作。段文杰欣然领命，立刻带领大家展开工作。他对待工作认真负责，把集体的事情当作自己的事业去做，在开展工作前他要求大家在洞窟内工作的前提就是不能损坏洞窟内的文物，其次是要按照研究所的要求进行有计划有标准的工作。在洞窟内开展工作，如挪梯子、铺画布、洗笔蘸墨等，一不小心就会触碰到洞窟内的壁画，这是段文杰绝不允许的，几位同事也都赞同他的工作方式。在段文杰的带领下，几位同事如火如荼地开始了对敦煌洞窟的临摹、编号、测量等工作。尽管段文杰有在国立艺专 5 年的绘画训练的基本功底，但最开始的临摹并不令他十分满意，作品往往外形很像但气韵不足。经过研究，段文杰认为不能传神的原因是不了解壁画的创作历史和背景。认识了问题的根源，段文杰在每次临摹之前便开始对壁画的时代、历史等做大量的课下工作，如他在临摹净土变中的反弹琵琶舞乐图时，特意找了一本玄奘译的《称赞净土佛摄受经》进行研读，读到“无量无边众妙伎乐，音曲和雅，甚为爱乐”时，他通常首先自己去感受这句话的意境，然后再反思古代的画师是如何根据这抽象的语言，以现实的宫廷乐舞为蓝本，绘制了幻想世界的具象乐舞团。抱着这种刻苦钻研的精神，段文杰还对敦煌壁画的三个技术性极强的环节进行了分析和反复练习，概括地总结了壁画的线描、晕染和传神三要素，创造了“写生法”“借光法”“参透法”等新的临摹方法，为壁画的临摹工作找到了更加合理的处理方法，使临摹工作既保护了壁画，又忠于原作，还突出了特点，表现了神韵。段文杰创造的“三法”在敦煌的壁画临摹中长期得到了运用，成为后学临摹壁画的必学之课。段文杰本身是一位国画家，而他的绘画成就则集中呈现在敦煌壁画临摹上。他的敦煌摹本不仅保存了原画的真实面貌，而且摹本自身就是独立的艺术品，它显示了画家的艺术修养和创意，给予观者以美的享受。

在敦煌开展工作的日子里，现实条件的艰苦可想而知，身处沙漠戈壁，物质条件匮乏，粮食品种比较单调，更不用说蔬菜了，很多生活用品必须到县城去购买，但到县城当天是回不了敦煌的，必须在县城住

敦煌莫高窟

上一晚第二天才能往回赶。有一次，段文杰赶着毛驴进城买东西，想当天赶回敦煌，走到鸣沙山下遇到了一匹狼正虎视眈眈地瞪着他，段文杰被吓出一身冷汗，幸运的是那只狼后来自己跑了。

生活上的艰辛大家都可以想办法克服，有时缺衣少食，凑合一下就能过去。但如何保护洞窟内的文物，如何临摹出符合要求的壁画作品，如何对洞窟进行编号、维护等是摆在大家面前的更大难题。由于人手有限，白天忙洞窟的工作，夜晚还要组织巡逻，以防止窃贼进入洞窟破坏。当初大家觉得工作时激情高涨，但时间一长总是觉得力不从心。正在所里需要人手的时候，从四川相继来了孙儒僩、欧阳琳、黄文馥、李承仙、史苇湘等，为团队又增加了不少力量。

1949年9月28日，敦煌解放。次年，敦煌艺术研究所更名为敦煌文物研究所，由中央文化部委派西北军政委员会文化部文物处接管。所长仍由常书鸿担任，段文杰被任命为美术组组长。同年，段文杰被分配到合阳县开展为期8个月的土改工作，帮助关中群众提高思想认识，增强自我觉悟。由于深入一线群众，与群众同甘共苦，得到了丰富的生活体验，使段文杰在思想上得到了锻炼。在段文杰深入群众开展土改工作的同时，所长常书鸿带着他们临摹的作品到北京去展览，展览获得成功，极大地振奋了民心，鼓舞了军队将士们的士气。展览后，所长常书鸿出国到印度、缅甸访问，不能回敦煌。段文杰被任命为代理所长主持工作。不久，所里又增添了李其琼、万庚育、李贞伯、关友惠、孙纪元等画家和雕塑家，段文杰所在的美术组人员又得到了补充，临摹工作进入新的阶段。段文杰身为代理所长，不但要安排好同事们的业务工作，还要管理好工作中的行政事务。由于工作头绪较多，各方面都要兼顾，段文杰几乎都要忙到废寝忘食的地步。他先后发起并组织领导了第285窟整窟西魏壁画的临摹工作，同事们热情高涨，埋头苦干，很快便完成了任务。期间，段文杰又组织了敦煌艺术展览团到油田矿井为工人办展览，宣传敦煌艺术。在组织同事临摹之余，段文杰还组织同事进行写生活动，为以后的创作积累素材。经过一段时间的努力，又一批高质量的壁画临摹及西魏285洞窟原大模型在北京展出，段文杰负责了此次展览的接待工作，除了北京各界人士参观外，很多外国的访问团也参观了展览，展览产生了良好的对外宣传效果，让更多的人了解了敦煌艺术。在段文杰的主持下，从1950年到1956年的这段时间里，临摹工作取得突破性的进展，完成了一系列巨幅壁画的临摹工作，这些作品成了日后对外展览的精品之作，在介绍和宣传中华民族传统艺术起到了重要的作用。据不完全统计，段文杰临摹的巨幅研究性复原壁画有100余幅之多,其中《尸毗王本生》《各国王子举哀图》等复原临摹巨幅作品都是公认的精品，先后在日本、法国、美国、加拿大、印度、俄罗斯等国及国内北京、上海、西安、新疆、香港、澳门、台湾等地展出。段文杰的敦煌临摹作品惟妙惟肖，笔墨精到，欣赏他的作品犹如读敦煌的历史。

对于段文杰在临摹上所取得的成就，樊锦诗这样评价他："段文杰先生在前人考古研究的基础上，进而对敦煌石窟的历史价值和美学意义进行了探索。他以几十年临摹壁画的深切体会和对艺术规律的把握，指出了壁画艺术通过表现人物的面部表情及人物之间的相互关系来达到传神的目的，而线描的微妙变化，常常对于人物精神面貌的表现至关重要，因而，敦煌壁画既有整体的气势，又有出神入化的细部刻画。从敦煌壁画的优秀作品中体现出中国传统绘画‘六法’的精神。而画家们之所以达到这种传神的高度，正是由于他们有着深厚的生活基础，他们突破了佛教造像的清规戒律，大胆地以‘伎女’‘宫娃’‘胡商’‘梵僧’‘将军’等现实人物为蓝本，并加以概括、提炼，塑造了富有社会生活气息的宗教人物形象。另外，各个时代的艺术家总是按那个时代的审美习惯来塑造人物形象的。如西魏时期有‘秀骨清像’的造型，‘仙灵飞腾，云气缥缈’的动意；唐代则有‘丰肌腻体’‘素面如玉’健康丰满的容仪体态。这些形象特征正反映了那个时代的社会审美心理。段文杰对敦煌艺术的美学探讨不仅对学术研究作出了贡献，而且对于当前的艺术创作也很有启发。”①

敦煌艺术两次展览的成功举办产生了巨大的影响，给敦煌文物研究所的所有工作人员以极大的鼓舞。尤其是“敦煌艺术展”被国家文化部看作中国对外文化交流的重要窗口，而段文杰所带领的团队，身上的担子也越来越重，他们有更多更艰巨的任务要去完成，对自己工作的要求也越来越高。这批人都是敦煌艺术

① 樊锦诗：《幕法情深，忘身为道》，《敦煌研究》，2007年第4期。

的崇拜者，是抱着对敦煌艺术强烈的责任感和使命感才在这里坚持工作的，所以，工作条件虽然艰苦，但都乐在其中。

转眼，段文杰到敦煌工作已经十二年之久，一心扑在敦煌的段文杰很少顾及远在老家的家庭，他把敦煌当作了自己的家，眼看儿子快上中学了，自己还没有尽到作为父亲的责任和义务，缺乏对孩子的关爱和呵护。经过反复思考，段文杰向文化部申请调自己的妻子龙时英到敦煌文物研究所工作。申请很快得到批复“同意”，儿子段兼善也从四川转学到了敦煌，在县城中学就读，到此，一家人得以团聚，段文杰有了妻子的照顾，吃饭也不像以前那样凑合了，没有了家庭的后顾之忧，对他在敦煌的工作更增添了帮助。

“不怕风起沙扬，不惧遍地荆棘，秉烛前行在文明的宝库里，除了敦煌已成为精神信仰外，心里无他。但是，在政治的领域里，人为扬起的风沙，几乎要将我的心与敦煌一起重新埋葬。”段文杰在他的回忆录中这样写道。正当段文杰准备投入新一轮的工作中时，所里的整风运动开始了。段文杰被以“反对所长”的名义撤销了一切职务，取消副研究员的待遇，还有其他的几位同事也受到了相应的处分。之后，段文杰就以“犯了错误的人”的身份被安排一些如淘厕所、种庄稼之类的体力劳动。1958 年又赶上“大跃进”，段文杰白天被派到洞窟临摹壁画，晚上还要参加大炼钢铁，工作强度非常大。不管在哪里工作，段文杰都没有放弃对敦煌石窟艺术的思考，他在业余时间从来不忘阅读一些古籍文本和佛经去充实自己。就这样，在不断地思考、分析、联想、比较、归纳中，段文杰对敦煌艺术的理解又迈进了一个新的思想层次，洞窟内那些微笑的、慈爱的、愤怒的、沉思的、哀愁的人物好像都在静静地向段文杰述说着什么，那些凌空飞舞的伎乐、飞天仿佛在弹拨着一曲天庭妙乐，正在抚慰着段文杰那受伤的心灵。

在这样的环境下，段文杰经受了三年的困苦。一次偶然的机会，文化部副部长徐平羽率领专家组到敦煌考察，会议期间，王朝闻了解了段文杰的情况和处境后向上级作了如实的反映。上级高度重视，不久派人对段文杰及所里职工作了大量的调查，弄清了事情真相并报告了省委。段文杰终于在上级领导的关怀下得到平反，撤销了原来的处分，恢复了原有的专业职务和待遇。对所里同时期的几位同事的错误处理也得到了纠正。被平反以后，段文杰的精神压力减轻了很多，家庭生活也开始恢复正常。于是，段文杰主动找到研究所的领导，表示要进一步把敦煌的研究工作做好，经过研究，段文杰被暂时任命担任学术委员会秘书。几年的工作停滞一下子激发了段文杰的工作热情，他很快地制订了学术工作计划，并深知敦煌作为横跨中国多个历史朝代的艺术宝库，所涉及的内容不仅仅是佛教壁画和雕塑内容，每个时代的政治制度、军事行动、农牧生产、渔猎养殖、科技创新、工艺制作、交通运输、医疗卫生、宗教活动、民间风俗、商业贸易、文化交流等都会在洞窟的艺术作品上有所体现，只是以一种间接的方式反映罢了。所以，这样一座博大精深的文化艺术宝库，不能只偏重于临摹方面，应当把敦煌的文化元素做出更加细致的划分，设法为所里补充一批考古、文史、语言、宗教等方面的专家。段文杰自身也决心从壁画的临摹转到对石窟艺术的深层次研究上去。他先后根据自己临摹的经验对敦煌壁画的线描技巧的传承和发展进行了分析、归纳和总结，写出了具有学术研究价值的《谈敦煌壁画线描》，还写了《敦煌研究专题报告笔记》等作品，对敦煌壁画的民族传统与外来的影响等系统专题进行了思考。后来，所里又增添了新的成员，兰州的贺世哲、施娉婷、李永宁以及从北京大学分配去的考古专业毕业生樊锦诗、马世长等，这些人员的到来对开展敦煌艺术的研究工作无疑是个大好消息。

刚刚恢复工作的段文杰正准备大干一场时，新一轮的灾难又一次考验着他，那就是“文革”风暴的来临。段文杰当然不能幸免，每天不是参加劳动和写检查，就是准备接受批判，要和所里的几位领导一起接受批斗。他又回到了淘厕所、喂猪放羊的苦闷生活，对敦煌的学术研究工作更无从谈起。

1970年，段文杰被以“清理阶级队伍”的名义下放到敦煌县郭家堡公社敦湾大队进行劳动。由于妻子龙时英患有精神分裂症，需要人照顾，所以和段文杰一并被安置到农村劳动。他们简单收拾了在敦煌使用多年的生活用品后，借了一辆牛车拉着妻子龙时英到了敦湾大队事先安排的一间破旧房屋中，开始准备以后的农村生活。同时，其他的几位同事也被下放到不同的地方进行农村劳动。至此，他们这批自愿到敦煌以弘扬敦煌艺术为己任的骨干力量各奔东西了。想到这里，段文杰不觉有些伤感。段文杰到农村后和别人一起参加体力劳动，闲暇之余还帮农民写字写信，帮他们义务理发，所以和农民的关系处理得不错。转眼，段文杰到农村劳动已近两年，他通过自己的努力，获得了很大的收获。第一年除了和妻子每人分得600多斤粮食外，还分得190元的现金。平时段文杰外出干活挣公分的时候，妻子龙时英就在家养鸡养猪，一年下来，鸡蛋不缺吃，养的两头猪一头卖给国家，一头于年底杀了，70斤肉除了送给邻居外，段文杰把剩下的都制作成了四川腊肉，一年下来生活倒也轻松。身在农村，少了在城里阶级斗争的残酷性，相对安稳多了。

闲暇之余，段文杰就在思考敦煌石窟艺术的一些问题，这或许是他多年从事研究工作养成的思考习惯。敦煌石窟中的艺术作品与宗教、时代、风俗、信仰等的关系，以及石窟艺术与宗教艺术的区别等都在段文杰的思考范围。甚至画家和雕塑家在创作作品时如何把佛教中的抽象思想如“终生”“极乐世界”等转化成现实的具体形象等问题，段文杰都作了深度的思考。

两年以后，段文杰正在秋忙，突然所里书记赵风林亲自到敦湾大队找段文杰，说是党要落实知识分子政策，要段文杰回去恢复工作。经过多次的折腾，段文杰对此已经心灰意冷，再加上他感觉自己已经融入农村的生活，在这里农忙之余一样可以思考问题、研究艺术，想起在单位工作需要面对尔虞我诈、钩心斗角、无事生非的问题，就断然拒绝了。后来所里又陆续派人来请，实在推脱不了，段文杰就抱着重新回到农村的打算回到了敦煌。看着自己已经把心交给这片土地的乡村，段文杰多少还是有些留恋，虽然敦煌是自己一生追求的归属，但自己多次经历的政治磨难难免让他把心安放在这里，村里的左邻右舍听说段文杰要走也都纷纷前来送行，临行前，段文杰禁不住留下了百感交集的泪水。

从农村返回所里后，段文杰被安排住在中寺的三间房子里，和常书鸿的旧居正好对面，以前所里批判段文杰的同事也都积极到他住所道歉，请求他的原谅。段文杰已经伤透了的心反倒显得特别地平静。后来又过了一段时间，当时被遣到农村的史苇湘、孙儒僩、李其琼等也都纷纷返回到所里，大家历经磨难，如今又重新相聚，不觉感慨万分，回想起“文革”时的遭遇，大家都还心有余悸。

在回到所里最初的一段时间里，段文杰除了参加所里安排的“批林批孔”活动以及政治学习外，所里并没有给他安排相关的劳动任务。所以，段文杰有较多的时间去重新思考如何做好石窟艺术方面的研究工作。之前收集准备的资料全部被红卫兵毁坏了，现在要继续敦煌石窟的研究工作只能从头开始。但幸运的是，段文杰在农村劳动时从来没有忘记对石窟的研究，如果现在开始梳理起来倒也很快。

1975 年，段文杰经所里安排，和关友惠、马世长、潘玉闪、祁铎几人前往新疆石窟和文化遗址进行实地考察，时间大约一个月，主要也是为了查寻研究敦煌早期洞窟的分期断代资料。段文杰一行重点考察了吐鲁番地区和库车地区的一些文化遗址和古代石窟，从那里石窟的建筑、壁画风格以及壁画题材的比较和分析，找出新疆石窟的时期以及文化元素和历史痕迹，以此去分析当地的历史文化背景，进而推断和敦煌石窟的关系，以及古代两地之间的文化相互影响，收获很大。

3. 迎来事业的辉煌

"'文革'结束后的段文杰先生，欣喜之余，整天埋头伏案研究，还鼓励大家把停止了十多年的科研课题继续搞下去。这时段先生虽然尚未担任领导职务，但他已经在冷静地思考着敦煌文物研究所（敦煌研究院前身）的未来，思考着将来研究保护工作的开展，因为他清楚地知道，敦煌文物研究所在'文革'前虽然做了大量工作，如危崖加固保护、洞窟资料调查整理、壁画彩塑临摹、出版介绍性的图录，但科学研究工作做得不多，还远远落后于国外。'文化大革命'又使之停顿了十多年，他期待着敦煌文物研究所急起直追！"[①]樊锦诗这样回忆段文杰那段时间的工作。

段文杰回所后，因为长期的高强度工作，加上又不太注意保护自己的身体，他的眼疾开始加重，加上妻子龙时英的病也时好时坏，所以，段文杰决定和妻子一起去兰州治病。看病期间，段文杰仍不忘对敦煌艺术的研究，先后为《敦煌彩塑艺术》撰写论文，在《文物》杂志上发表《敦煌早期壁画的民族传统和外来影响》。

① 樊锦诗：《幕法情深，忘身为道》，《敦煌研究》，2007年第4期。

1978年，段文杰兼任兰州大学教授。此时北京大学历史系与兰州大学历史系也开设了“敦煌文书研究”课程，并请段文杰主讲“石窟艺术”。这期间，段文杰还撰写了《莫高窟第220窟新发现的复壁壁画》《真实的虚构》《敦煌艺术的内容及特点简述》《向敦煌壁画学些什么》等文章在国内刊物发表。

两年后，段文杰被任命为敦煌文物研究所第一副所长，任命宣布后，所里过去在历次运动中积极参与批斗段文杰的人有些紧张，担心他会报复，但他们看错了段文杰。一个有远大理想和抱负、胸怀宽广的人怎么会为一些个人恩怨而影响了整个工作的大局呢？虽然他身在领导岗位，段文杰不是第一次在所里担任职务了，在1946年他到达敦煌莫高窟时就担任部门的领导工作，先是美术组组长兼考古组代组长，后来又一直担任美术组组长，20世纪50年代前期还担任代理所长，具有丰富的领导管理经验。这次被任命为研究所第一副所长，段文杰感到自己身上的担子很重。时代变了，环境和人也变了，尤其是大家经过了十年“文革”，内心都比较脆弱，不像20世纪40年代，大家对敦煌艺术执著的追求，热情高涨、意气风发。但面对问题成堆、积重难返的研究所，为了稳定地开展工作，段文杰和几位副所长樊锦诗、刘鍱、尹俶等认真分析了研究所面临的情况，确定了工作方向，进行了分工。

在他的带领下，他常常强调所里要消除隔阂，加强团结，让大家放心工作。“段文杰先生特别重视培养人才，可以说是爱才如命，想尽办法，不惜投入。他重视人才的培养是出于对敦煌深深的热爱和深深的了解。他深知敦煌急需可以进行保护、利用、弘扬、管理等多方面工作的人才。”①

当时，敦煌面临的问题还很多，压力也很大。十年“文革”动乱期间，中国内地的石窟艺术研究工作完全停止，而中国香港、台湾地区以及日本、法国在敦煌文化的研究上都有了突破性的进展。中国台湾创办了《敦煌》杂志，并在“中国文化大学”倡导敦煌学研究，设立了敦煌学研究小组，开设敦煌学课程；日本学术界先后掀起了三次敦煌研究热潮，取得了丰硕的成果；法国学术界也先后出版多部敦煌学的研究著作，尤其是1979年在法国巴黎举行的第一次敦煌学国际研讨会，更是吸引了全世界敦煌学专家的目光。此外，英国、美国等也都有一定的敦煌学著作问世。而再来看中国的敦煌学，几乎是一片空白，无怪乎日本的学者发出“敦煌在中国，敦煌学在国外”的论断。外国的这些丰硕研究成果像一座无形的大山压在敦煌文物研究所每一位同事的身上。

在段文杰的带领和鼓舞下，敦煌文物研究所的研

① 樊锦诗：《幕法情深，忘身为道》，《敦煌研究》，2007年第4期。

究人员又重新燃起了工作的热情，段文杰就今后的工作特意指出以下几方面工作要重点抓好抓紧。一是化解矛盾，促进团结，把大家的注意力集中到研究和保护工作上来。二是在研究方面要发挥老研究人员和中年研究人员的作用，如史苇湘、孙儒僩等，要创造条件，让他们把研究成果整理出来，尽快发表。要造成一种良好的学术氛围。三是要注意补充新的研究人员，壮大研究力量，培养年轻人才，增添新鲜血液。四是保护工作也要加大力度，增加人员，发挥原有老职工如窦占彪、巩金、吴兴善、王炳、范华等的作用。他们一辈子生活在敦煌，热爱敦煌，默默奉献，应很好地依靠他们在行政事务方面的作用。五是要注意关心职工生活，改善工作环境和生活环境。在“保护第一”的前提下，搞好旅游开发工作。加强和补充接待讲解方面的人员，使之既宣传敦煌艺术，使旅游者在欣赏古代艺术的同时能心情舒畅，又能增加所内的收入。[①]段文杰的工作计划考虑得很细致，也很周全，他把所里的有生力量都动员了起来，使大家又看到了敦煌艺术研究工作未来发展的美好前景。

1980年，段文杰又主持召开了所务扩大会议，回顾了研究所的过去，分析了现状，设想了未来，并制定了研究所的10年规划：敦煌文物研究所在今后的10

① 段文杰：《敦煌之梦》，江苏美术出版社，2007年版，第56页。

年时间内，应适当调整所设机构，迅速充实人力，特别是充实与敦煌文物保护和研究有关的各种专业人才，以保证各项保护、研究业务及旅游工作能顺利开展。保护工作，应完成三座石窟的加固和维修，完成现有受损壁画和彩塑的修复，并逐步开展对受损壁画的科学研究，实验有效的科学方法，防止病害的发生和发展。研究工作，应迅速提高研究水平，逐步扩大敦煌文物研究的领域，逐步拿出一批有分量的研究成果，出版一批有一定水平的论文和著作，培养出一批有较高水平的保护、研究、创新人才，改变研究所在国际上研究工作的被动地位。旅游接待工作，应逐步创造良好的考察、研究、居住条件，接纳来此考察、研究的国内外专家、学者和专业人员。为此，必须创造各种有利条件，提高现有中、青年专业人员的业务水平，做好图书、资料和情报的供应工作，改进行政后勤工作，改善工作和生活条件，减轻生活上的各种负担，保证专业人员集中精力搞业务工作。莫高窟的基本建设及园林绿化应以石窟为中心，处处体现对敦煌文物的保护与研究的重视。既有良好的洞窟保护设施，为研究创造方便的工作条件，也为中外旅游者带来清新愉悦的旅游气氛，使敦煌石窟这座文化艺术宝库，成为气象庄严、环境清幽、树木葱茏的沙漠绿洲。

所里负责编撰《中国石窟·敦煌莫高窟》五卷本

画册，由中国文物出版社和日本平凡社合作出版，大家热情高涨，参加了撰写论文或图版说明的工作，都认真地完成了任务。这套五卷本画册是“文革”后首次成功的集体协作，所里的第一批研究成果，为今后敦煌艺术的大力发展奠定了良好的基础。在此基础上，段文杰又提议出版一本《敦煌研究文集》，准备把这些年来所里研究人员的专题论文精选出版。

敦煌是中华民族的瑰宝，它的兴衰都深深牵动着中国各级领导的心。中华人民共和国成立以来，一些领导人都先后来过敦煌。敦煌文物研究所做出的成绩日益受到党和国家的重视。时任国家文物局局长任质斌到莫高窟检查工作，并指出要把敦煌文物研究所办成故宫博物院那样规模的研究院，段文杰向局长汇报了研究所的工作情况和面临的问题和困难。1981 年 8 月 8 日，敦煌文物研究所迎来了改革开放的总设计师邓小平同志视察敦煌莫高窟，段文杰被安排做好接待工作，陪同邓小平参观并做好讲解工作。段文杰首先简要地向邓小平等领导同志介绍了敦煌的历史和莫高窟文物的内容和价值，以及藏经洞被发现之后敦煌艺术所遭受的悲惨命运等。接着陪同邓小平参观了各个时代的一些最具有代表性的洞窟，并介绍了它们的时代背景、洞窟壁画内容和艺术特色。邓小平一行对敦煌的视察极大地振奋了所里的每一位同志，对在莫高窟工作的同志以极大的精神鼓舞。

1982年4月，常书鸿调到北京任国家文物局文物委员会委员，兼任敦煌文物研究所名誉所长，段文杰被任命为敦煌文物研究所所长。段文杰在担任所长后所做的第一件事就是加强对敦煌艺术的对外宣传。在国家文物局的大力支持下，段文杰准备筹备赴日本举办敦煌艺术展，并在故宫举办了预展。日本艺术展是一次规模较大的展览，展览场地面积空前，展览内容丰富多彩，前去参观的日本民众络绎不绝，盛况空前。展览当天还举行了盛大的学术报告会，段文杰代表中方就敦煌石窟艺术的创始、发展过程、内容、历史价值、艺术成就和美学思想等作了精彩的发言。

次年，段文杰又应邀赴日本参加国际美术史第二回交流研讨会，这次会议由中国、日本、法国、美国、英国的美术史专家共同参加，中国有中央美术学院的金维诺同行。段文杰在会上介绍了敦煌石窟造型艺术在美术史上的重要意义，特别是在中外艺术的交融和独创性等方面在美术史上有不可替代的地位和影响。这次的日本访问为后来进一步开展敦煌与日本学术艺术交流活动打下了基础。

敦煌学的研究进入新的历史阶段，全国各地对敦煌学的研究也如雨后春笋般地发展起来。为了尽快刊登发布敦煌学研究的最新成果，推动全国敦煌学研究的交流和发展，段文杰倡导敦煌文物研究所创办一本期刊，以积极推动敦煌学的学术成果。1983年，《敦煌研究》正式创刊，段文杰任主编，在发刊词中他回顾了70年来敦煌学发展的艰辛历程，强调中国敦煌学在国际学术进程中的落后状况。在段文杰的领导下，在中国20世纪80年代的学术研究与出版条件极其艰苦的情况下，《敦煌研究》杂志奋力开拓，锐意创新，面向世界，不仅极大地促进了敦煌文物研究院的研究，而且对全国的敦煌学研究事业都产生了巨大的推动作用。20世纪90年代以后，《敦煌研究》期刊由不定期走向定期，由季刊变为双月刊，并先后荣获“甘肃省一级期刊”“全国优秀社科期刊奖”“国家期刊奖”等多种荣誉。《敦煌研究》不仅在中国期刊界赢得了较高的荣誉，而且还备受国外学术界关注，成了国内外学者研究敦煌学的必备参考，在世界性的敦煌学研究及相关学科中产生着重要影响。1983年，段文杰又率领“敦煌壁画展览代表团”赴法国巴黎参加学术交流活动。

段文杰自接任所长以后，整日埋头于敦煌的发展工作中。对石窟进行保护和研究，出国对外宣传和交流等，还有众多所里员工的生活、工作问题都需要他去操心安排，他自己也要抽出空闲撰写文章。这忙碌的一切使他无暇顾及家庭。妻子的病又加重了，于是段文杰就把她送到兰州人民医院由儿子段兼善去照顾，而自己折回敦煌继续忙碌工作。段文杰白天安排所里工作，陪同中央和省里的领导参观，有时还要接待国内外专家的到访，往往只有到了晚上才能抽出空闲去写作。由于后来的许多论文都是夜间完成的，所以，段文杰也就养成了夜间写稿的习惯。妻子在住院 6 个月后终没能挽回生命，溘然长逝。段文杰悲痛欲绝，想起妻子这么多年来对自己工作的默默支持，心生一种由衷的感激和惋惜。他把妻子安葬在莫高窟对面的大泉河畔的沙山上，忍着悲痛继续忙碌自己的工作，或许他只有振作精神努力工作才能告慰妻子逝去的灵魂。

1984 年，“为了尽快充实和壮大敦煌学各学科的研究力量，进一步改善和增加保护和研究工作的基础设施和工作条件，加速营造和拓展与国内外学术界、艺术界交流与合作的环境与空间，有利于促进和推动敦煌学研究回归故里和在新的丰厚成果的基础上进一步走向世界”[①]。以适应敦煌学研究蓬勃发展的形势，中共甘肃省委常委会议研究决定筹建敦煌研究院。敦煌研究院是在敦煌文物研究所的基础上进一步增加研究经费，扩大编制，这个消息让全所都为之激动，所有人都非常珍惜这次难得的机会。大家决心抓住机遇、抓紧时间投身到筹建工作中去。段文杰立即召开了所务会议，召集部分领导对建院的相关事项进行了讨论和

① 段文杰：《敦煌之梦》，江苏美术出版社，2007 年版，第 72 页。

研究，确定了参加筹建处的工作人员，并拟定了《敦煌研究院人员编制草案》和《敦煌研究院兰州院部基建设初步预算》等报批文件。还将敦煌研究院拟设置的各类行政部门和业务部门进行了细致的划分。8月，敦煌研究院正式成立。政府发布任命书，任命段文杰为院长，常书鸿为名誉院长，吴坚为首席顾问，樊锦诗、赵友贤为副院长，刘鍱为副书记。同时任命一批老专家和中青年后起之秀担任各所、室及中心的主要干部，充分发挥他们的学术带头和管理作用。在成立大会上段文杰热情澎湃，发表了激动人心的讲话："敦煌研究院的成立，标志着敦煌的研究和保护工作进入了一个新的阶段。我们要以务实的态度来对待工作，各部门都要把本职工作搞好。现在生活条件和工作条件已有很大改善，万事俱备，只欠东风。东风就是我们的工作成绩、我们的学术成果和艺术成果。我要把'敦煌在中国，研究在外国'的言论看成特殊的鞭策，特殊的动力。我相信经过我们的努力，这种状况一定会改变,被动的局面一定会扭转。我们要以坚实有力的步伐，迈入国际敦煌学研究的先进行列。"段文杰的一番话讲到了每一个敦煌工作人员的心里，大家备受鼓舞，摩拳擦掌准备干出更好的成绩。

"一个开放的时代，要有一个开放的眼光；一个开放的民族，要有一个开放的胸襟；一个开放的事业，要有一个开放的思维。”这是段文杰在自己工作中总结出来的格言。他也确实以这种开放的眼光和胸怀去面对敦煌的发展。他认为对一件事物的认识不能只从一个角度去看，而应当从多个角度观察比较。所以，为了把敦煌的研究工作做扎实，做出世界一流的敦煌学，段文杰准备对敦煌周边和丝绸之路沿线的文化艺术作一个全面的了解。他首先带领考察队考察了新疆的相关石窟，对石窟的年代、数量、保存情况作了详细的了解，为以后的石窟研究做了充分的资料储备。与此同时，段文杰主持的介绍敦煌造型艺术风采的《中国美术全集·敦煌》也开始紧张的编撰工作，包括《敦煌壁画》《敦煌彩塑》也作为重点科目提上了日程。

自从敦煌研究院成立以后，大家在段文杰的带领下，制定了保护、研究和弘扬的工作方针，各部门的任务都有明确的划分，大家热情高涨。段文杰作为院长，把大家的意见集中起来进行分析，然后再集中大家开会讨论，研究出最佳方案。同年，日本文化厅长官率日本政府代表团访问敦煌，段文杰率同事做了热情的接待，并陪同参观、座谈。期间，日本文化厅向敦煌研究院捐赠了一笔资金。为了用好这些凝聚着世界各国人民情谊的资金，段文杰明确规定，外援资金全部用于振兴敦煌工程，每一笔开支，都公开账目，对投资者有一个详细的交代，不得有丝毫苟且和疏忽。此后，段文杰在国内外友好人士参观访问的过程中，曾多次提到保护敦煌文物的重要性和紧迫性，并呼吁有识之士给予关注。在段文杰的呼吁下，日本创价学会名誉会长池田大作捐赠1000万日元作为会议经费，香港的邵逸夫先生捐款1000万元港币用于敦煌的文物保护工作，敦煌研究院用这笔资金为398个洞窟安装了铝合金窟门，以避免人为的摩擦损坏。

除此之外，段文杰还组织敦煌研究院与日本创价学会合作，在日本的东京、大阪、奈良、福冈、长野、静冈等地进行长达半年的巡回展出，受到广泛的关注。段文杰又相继接待了时任国务院副总理万里、文化部副部长高占祥等一行到敦煌的参观视察。之后，各国驻华使节和夫人、联合国教科文组织、世界粮食组织等驻华代表及夫人分两批到敦煌参观访问，段文杰积极组织院里做好接待工作。

1987年，经过多年的筹备，敦煌石窟国际学术研讨会在敦煌成功召开。这是国际学术研讨会首次在敦煌召开，意义非常重大，在中国乃至国际敦煌学史上有着特殊的意义，会议规格高、规模大，具有代表的广泛性、学术的权威性和课题的重要性。这次会议打破了以前对敦煌学的探讨偏重敦煌文献研究方面的局限，而集中在敦煌石窟艺术和石窟考古方面，标志着对敦煌石窟本体研究的增大，凸显了敦煌石窟在敦煌学领域中的重要地位。这次研讨会共邀请了英国、法国、日本、西德、加拿大、美国、新加坡、印度及中国香港等国家和地区的知名学者 90 人，总人数达到 130 人，研讨会发言学者 60 人，宣读论文 53 篇。涉及对敦煌的时代、分期的界定等内容，会议的举办取得了极大的成功。同年 12 月，联合国教科文组织世界遗产委员会宣布莫高窟被列入世界文化遗产名录。这些丰硕的成果说明了敦煌研究院所做出的成绩得到了最大的认可，此时院里各方面的工作都在蓬勃开展。全院的工作基本处在头绪多、项目多，一个接一个，大家也基本处在连轴转，废寝忘食、夜以继日的状态。

敦煌的发展离不开所有人的共同努力，更离不开同事之间的相互协作和信任，任务虽然繁重，工作虽然庞杂，但每一位都兢兢业业，抱着对敦煌的崇敬之心。段文杰作为院长，工作显得更加繁忙，他多次接待到敦煌参观的中外友人，认真地作讲解和介绍，参加国外的学术交流，最大限度地宣传敦煌艺术。

20 世纪 90 年代，段文杰率团先后到香港、台湾地区宣传介绍敦煌的最新研究成果，并进行文化交流；与日本池田大作对话畅谈敦煌艺术，增进了学术交流；对印度进行考察，为多视角研究敦煌作好准备；受美国国家《地理》杂志和哈佛大学、宾夕法尼亚大学、盖蒂文物保护研究所等单位邀请进行对外学术交流，进一步推进国际合作。

1992 年底，段文杰带领院里几位年轻的研究人员前往四川考察石窟艺术，回到敦煌后感觉胃部不适，吃东西总是呕吐，到医院检查，诊断结果是患了胃癌。后来通过手术切除了胃部肿瘤。段文杰在养病期间，难得的清闲，不禁回忆起在敦煌的几十年时间的往事，许多事情仿佛就发生在昨天，让段文杰感慨万千。经过十几天的治疗和调养，段文杰的身体很快就得到了恢复，由于住院期间还惦记着工作的事，同事和家人都劝他多休息些时间，但段文杰感到还有很多事情等着自己去处理，所以很早就出了院，继续投入工作中去。

段文杰的继任者、敦煌艺术研究院院长樊锦诗是这样评价段文杰的："从风华正茂的青年，到满头华发的老者，段文杰先生为自己钟爱的敦煌艺术研究事业倾注了 60 年的心血。作为一名学者、一名艺术家，他对敦煌壁画临摹的探索，他在敦煌艺术研究领域所取得的成就，当之无愧地成为敦煌学研究的领军人物；作为一名管理者，他以知识分子的睿智和管理者的才能，令世界对敦煌刮目相看。""他以过人的胆识和魄力，开创了敦煌事业的新局面，带领全院职工把敦煌石窟的保护、研究、弘扬工作推向了一个新高度。"

常沙娜这样评价他："他是继我父亲常书鸿之后第

二代著名的‘敦煌守护神’，作为坚守敦煌莫高窟终身的第二代领头人，段文杰把莫高窟的保护和研究推向了新的领域和规模，使敦煌研究院成为现今世界上当之无愧的敦煌学研究中心。”

最后，我想无论谁用再优美的词句去评价段文杰都不足以描述他倾其一生对敦煌的保护和研究所作出的贡献。写到此，笔者不禁感叹，若从历史的角度来看，20 世纪 40 年代王子云、张大千的那次展览的贡献不仅在于把敦煌佛教壁画首次临摹展现给世人，让人们重新认识这座几乎被遗忘的艺术宝库，更大的贡献在于它完全征服了当时才 26 岁的学生段文杰，以至于让这位臣服于敦煌艺术之下的学子矢志不渝地把毕生心血和精力都奉献给敦煌艺术的保护研究，使敦煌改变了走向灭亡的命运，改变了后来“敦煌在中国，敦煌学在国外”的局面，实现了“敦煌在中国，敦煌学在世界”的格局。

我想段文杰自己的那句话最能表达他的初心：“我有一个梦想：即便不能消灭贫困，但飘逸的飞天会指引我们走在通往幸福的路上；即便不能消除积怨，但拈花的微笑可以融化人类心灵的坚冰；在敦煌的世界里，我们能够触摸到真正的和平、和美、和谐。”

（吴江涛）

敦煌的女儿——樊锦诗

在未名湖畔燕园的宿舍里，一个小巧的姑娘捧着还散发着墨香的杂志，贪婪地读着。祁连山下，大漠孤烟，神秘敦煌，法国留学大画家常书鸿在徐迟的笔下简直是男神！姑娘们抱着《人民文学》不撒手，你抢我夺，看完上集，就迫不及待地等下月号的下集。《人民文学》2 月、3 月号连载徐迟写的报告文学《祁连山下》，敦煌莫高窟的神奇故事牢牢抓住考古专业学生们的心，那段时间闹得全班同学人人心里痒痒的。当读到大美敦煌、大艺术家常书鸿，樊锦诗不禁心驰神往。樊锦诗这班同学 1958 年考入北京大学历史学系考古专业。北京大学历史学系前身系 1899 年秋京师大学堂设立的史学堂。历经半个世纪的风雨,北京大学历史学科在李大钊、陈寅恪、傅斯年、钱穆、顾颉刚、范文澜等史学大家的熏陶下声誉日隆。在翦伯赞、向达、苏秉琦、张广达、宿白等名师教导下，樊锦诗和同学们阅读古代中国历史，挖掘文物考古价值。考古研究既是她的专业，又是她的价值取向。北大古今学人潜心治学之学养和淡泊名利的情怀深深地滋养着、哺育着这位清纯少女。宿白教授在石窟寺考古学和藏传佛教考古中，从“小处着手，大处着眼”的治学方法打动了她。从此，樊锦诗的生命就与敦煌联系在了一起。多少年后，已是世界知名的敦煌研究专家的樊锦诗这样说，如果说丝绸之路上那些城池重镇是一颗颗美丽的珍珠，那么敦煌莫高窟就是丝绸之路上最璀璨的一颗皇冠上的明珠。

1. 她是与敦煌命运攸关的人

笔者与樊锦诗先生的结缘是在 2016 年秋天的一个大会上。当时，主持人告诉我，请到了樊锦诗先生为会议代表讲述莫高窟。头一天晚上的餐叙，笔者恰好和樊先生坐在一起，先生不多言语，彼此客气。晚间，笔者提出前往拜访，先生欣然应约。刚一见面，先生就打开电脑演示第二天演讲的 PPT 道 :

“你看，这就是敦煌！这是汉代的丝绸之路。”

先生滚动着鼠标，一幅幅精美画面跳将出来。“一带一路”上的敦煌，莫高窟的洞窟、佛像、壁画、经变画，真是令人震撼！当她讲到藏经洞的经卷里面有法律，壁画里还有按律执行的刑罚绘画，笔者大为吃惊！

打量着这位传奇女士，娇小身材，密发披雪，清瘦面容，目光炯炯，轻言细语，言简意赅，语出令人震撼。我心里思量，即使是学习中国法制史专业的研究生，也未必对唐律疏议与敦煌经卷的关系做如此考证。果然，樊先生第二天的演讲震撼了全场。敦煌、莫高窟、千佛洞，有那么多的秘密和鲜为人知的故事。

樊锦诗对前人保护敦煌的贡献十分熟悉。她对常书鸿先生评价很高：他是敦煌艺术研究所的创始人，他从国外看到敦煌壁画精美无比，立志回到敦煌。他当时的地位相当于美院教授，全家都去了敦煌。后来他的爱人受不了离开了他。他临摹壁画相当有

2016 年 9 月 21 日，樊锦诗在甘肃兰州与笔者交谈（王丽摄影）

成就。“段文杰先生也很重要。段先生于2011年去世，今年是他100岁诞辰,今年要开追思会。段老很了不起，当年被打成右派，摘帽子以后‘文化革命’又被批斗。他能写能画能研究，一生作了很大贡献。”樊锦诗先生对段先生评价也很高。

那么，樊锦诗自己呢？她是浙江杭州人，1938年7月樊锦诗出生在北平，在上海度过童年和学生时代。五个姊妹中，她排行老三，内向，讷言，笃学，1958年考入北京大学历史学系考古专业，1963年毕业后到敦煌文物研究所，1977年她任副所长，1984年8月任敦煌研究院副院长，1988年任副研究员，1994年任研究员，1998年任院长，2015年任名誉院长。她还担任中国敦煌吐鲁番学会副会长、中国古迹遗址保护协会副主席、甘肃敦煌学学会会长、西北师范大学敦煌艺术学院名誉院长、兰州大学历史系历史文献专业博士生导师、中央文史研究馆馆员、全国政协委员。在边陲大漠里，她用超越一个甲子的青春与生命温润了敦煌的千年石窟，人们称她是“敦煌的女儿”。她1985年荣获“全国优秀边陲儿女”银质奖章；1991年获“全国文化系统先进工作者”称号；2002年获“全国杰出专业技术人才”称号；2005年被国务院授予“全国先进工作者”荣誉称号；2008年被全国妇联授予“三八红旗手”称号；2008年在北京大学110周年校庆之际荣获“北京大学杰出校友”称号；2009 年荣获“100 位新中国成立以来感动中国人物”和“时代领跑者——新中国成立以来最具影响的劳动模范”荣誉称号；2011 年被中华文化促进会和香港凤凰卫视授予“中华文化人物”荣誉称号；2013 年 3 月被香港大学授予名誉社会科学博士学位。

2. 父母在，我远游

还在北京大学读书期间，樊锦诗就和两个同学憧憬着传奇，在毕业前一年的实习期，他们毅然选择了到敦煌文物研究所实习。除了徐迟笔下的敦煌，这几个学生对即将到来的实习环境一无所知。祖国建设，中华瑰宝，大漠壮景，莫高窟的神秘强烈吸引着他们。来到敦煌，住的是土房子，喝的是咸水，点的是油灯，漫天风沙，寂寞孤独，这些来自中国最发达城市最高学府的“未来考古学家”，这些雄心勃勃的学生娃都傻了眼。好在一进莫高窟的洞窟，看到那原始神秘

樊锦诗学生时代照片

的精美雕塑、壁画、飞天，他们就不顾现实的苦啊难啊，毅然决然住了下来。

常书鸿、段文杰他们都是一代大画家大艺术家，已经在这里干了十几年，在他们身边工作也是极为幸运的。宿白教授在敦煌文物研究所做《敦煌七讲》学术讲演，提出中国石窟寺考古学。樊锦诗感到这是一个全新课题，应该是自己的研究方向。实习期间的生活对这个出身知识分子家庭的她来说，就像回到了原始社会穴居时代。不服输的她，拿出了从小就有的倔强劲儿，别人行，我也行！在西北大漠昏暗简陋破败的敦煌洞窟里，这位心中有个小小“敦煌梦”的实习生就熬下来了。1963 年 7 月，樊锦诗这班实力雄厚的北京大学历史学系考古专业学生毕业了。那位传奇的常书鸿所长，她的杭州老乡却点名要樊锦诗到敦煌文物研究所工作。

当然，西北的条件太艰苦了，虽说樊先生不是娇生惯养，也是顺风顺水。眼看已经实习一年，再留在那里，父亲着实不放心，他给女儿写了厚厚的一封信。说到这里，樊先生露出一脸调皮相 :“其实我到敦煌，是学校先派我来实习，1962 年一年实习完我就回去了。1963 年毕业分配，我就分到了敦煌。我写信告诉我老爹，我分到敦煌了。老爹问我，你都去过敦煌了，还去做什么？这么问,我心里也是有想法的。老爹不同意，我心里也不愿意。因为我到了敦煌，知道这里生活反差太大了。可是我已经答应了,已经跟领导说了来敦煌，来了就有责任留下。但我不能把老父亲搬出来说不同意，我没把信交上去，我心里想着要实实在在做人嘛，就去了。”当时，她跟同班同学彭金章也已经明确了恋爱关系，两人在美丽燕园的未名湖畔、小桥流水边留下了甜蜜的记忆。毕业分配，一对恋人各自飞向祖国最需要的地方，去追逐自己的专业梦想。二人从此过上了“云中锦书”两地分居的日子。

“我为什么能走到今天？就是没想别的，一日敦煌，永远敦煌，再难也待下来了。”樊先生在无数次的追问中，平静地回答。

樊锦诗与《青春》合影
（照片由本人提供）

圆圆脸，翘鼻头，青春勃发的樊锦诗给敦煌凋敝破败的莫高窟带来一阵清风。那时，敦煌莫高窟内没有电，要靠油灯、电筒照明作画，樊锦诗的身影像一束光照亮了昏暗的洞窟，大伙儿干活都有了生气。到过莫高窟的人都能看到一尊雪白的《青春》雕塑。看看樊锦诗与《青春》

的合影照片，两个人那眉眼、那神态简直像极了。

“是吗？那尊像还很是跟我有关系呢。雕塑的作者是孙纪元先生，1932 年生人，今年 85 岁了。当时他要做一个《一生青春》的作品，我去后就开始啦。我要跟你说一下，是何鄂，湖北那个‘鄂’字，她建议孙纪元做。何鄂建议孙纪元在院里找刚分来的大学生。那一段时间，孙先生老看我，跟我要照片，我说没有，只有身份证件上的照片，那他也要，我把证件上照片撕下来给了他。后来，他指着雕像问我，你看看这个人像不像你，鼻子翘翘的。那尊小姑娘塑像昂着头，神态、面孔还真是像呢！”

一尊《青春》雕像陪着小姑娘在大漠里留下来，一直留在敦煌五十多年。她从怕风沙、怕野兽、怕老鼠、怕黑、怕冷、怕孤独的江南小囡，变成一个能爬高上梯、能下地干活、能写会说、不化妆、不撒娇、生了孩子不几天就下地劳动的女汉子。渐渐地，姑娘周围的同事对她的业务依赖和精神依赖越来越多。渐渐地，远游的女儿把亲人的心、爱人的爱都带到了敦煌，留在日日夜夜工作的千佛洞雕塑和西王母壁画那些千古宝物身旁。

樊锦诗是个可爱的女孩儿，“文化大革命”的风暴使她不知所以，因而对远在武汉的恋人更加依恋。

1967年，这对鸿雁传书的恋人终于结婚了。先生儒雅体贴，却和他是南北两地工作。孩子出生了，但她身处大漠，对孩子的抚养艰难，加上开会、批斗、劳动，她顾不上照顾孩子，一个孩子托养在河北农村丈夫的大姐家；另一个孩子寄养在上海姐姐家，全家聚少离多。本来，锦诗是个性情爽直、处事干练的小铁娘子。但孩子是娘的心头肉，哪个不想不心疼？想急了她就请假跑去河北农村大姑姐家看孩子，竟是谁家黑娃门前站，不认娘亲不识娃。樊锦诗是个实在人儿，为家为孩子离开敦煌也没有什么过不去的。但是年年咬牙年年想，就是没有离开敦煌。“看着从原先破破烂烂的莫高窟，到今天做得越来越好。我们的前辈起点高，

1965年夏，樊锦诗与彭金章在莫高窟山顶合影
（照片由本人提供）

我那时是晚辈，比段先生小二十一二岁，比常先生小三四十岁。段先生是院长，我是副院长、常务副院长，是他铸造了‘莫高’精神。”樊先生这番话为她履职敦煌而不得不放弃那些妻子、母亲的责任做了“免责辩护”。但是，她还是深深地自责："有时候我觉得自己很失败啊，作为女人，我不是一个好妻子、好母亲。”

不是一家人不进一家门。樊锦诗的丈夫彭金章也是颇有建树的历史学家，在商周考古方面先人一步，开设武汉大学历史系考古专业。19 年两地分居的生活使他认识到，人分两边各有建树，花开一处连理同枝，

2015 年 7 月下旬，樊锦诗与彭金章夫妇在贵阳合影
（照片由本人提供）

不追随妻子到敦煌便永远不能团聚。1986年，彭金章放弃自己的专业来到敦煌与妻团聚。樊锦诗爱意满满，如痴如醉地投入工作。彭金章在妻子身旁主动担任家庭“总经理”，主管各项家务，同时他又在莫高窟的研究中找到了发挥自己特长的用武之地。敦煌莫高窟被联合国教科文组织列入“世界文化遗产目录”时，提到的洞窟数字是492个。经过彭金章清理勘察，为更多的洞窟做了编号，他的考古发掘增添了文化遗产的数目，扩展了洞窟形制种类，使官方正式确认的洞窟数达到735个。彭金章的《敦煌莫高窟北区石窟研究》记载了这些考古发现成果。

1998年，樊锦诗接过段文杰先生的接力棒担任敦煌研究院院长，此时，她年至一甲，仍风风火火。站在巨人的肩膀上，应当将莫高带向何方？一把手要看准方向，找准目标。她不断告诫自己：“莫高窟不能有闪失，研究院不能停步不前。”笔者曾问樊先生，您那会儿60岁的人了，身子骨儿能承受得了么？她粲然一笑：“我60岁当院长，那时身体很好，60到70岁精力还可以，七十四五岁就不行了。你说的不错，优秀的人多的是，我为啥能够做到这样？因为是在敦煌，做的认真，把‘佛爷’供好了，在‘佛爷’下面沾了点光。不然就像别的同学一样退休了。自己有这点机会还是认真做点事。敦煌一代一代的后人坚持下去会越做越好，当是代代出人才。我老了，越想越清醒。十全十美世界上是没有的。人过七十从心所欲而不逾矩。敦煌需要继承下去，莫高窟现在越做越好。这也是世界给我们的机会嘛！”

不老的“青春”，不老的莫高窟，不老的樊锦诗。

3. 一生只为敦煌来

樊锦诗的一生与“一”有缘。她一来到敦煌，便一直干到今天；她一生只在一个单位——敦煌研究院；一生只从事过一个行业——敦煌学研究；一生只待在一个地方——敦煌莫高窟；一生只做一件事情——敦煌文物保护利用。她说：“我这辈子只干了一件事，把我放到敦煌，我答应了，一干就干到现在。”一生只为敦煌来，这可能就是樊锦诗获得“100 位新中国成立以来感动中国人物”的一个理由吧。

学了考古就做一辈子考古。樊锦诗很少讲自己出身名门学府，但北大历史学系考古专业的治学精神，就奠定了她在敦煌干下去的学术基础。石窟考古在 20 世纪上半叶的话语权是在西方国家，因为西方列强把能拿走的敦煌珍宝都拿走了，连常书鸿都是首先从外国看到的敦煌壁画资料。20 世纪前 50 年“敦煌在中国，敦煌学在国外”可谓所言不虚。凭着扎实的考古功底，五十多年一线考古的实践，坐拥全球唯一的敦煌佛教石窟资源，樊锦诗与同事们硬是把敦煌学的话语权夺了回来。

笔者拿出北京大学历史学系考古专业1958级学生合影照片。“你在哪里找到这张照片的，这是我。”樊锦诗指着照片，拿着放大镜，辨认起来。“前排右二是老彭，彭金章。跟我一块儿到敦煌实习的有三个人，前排右边第一个是马世长，现已去世了。第三排右一蹲着的是段鹏琦，后来在社科院考古所，干得很好。后排左起第二个是谢德根，毕业后分到湖北博物馆，不久，在一次考古发掘中遇到塌方，不幸去世了。”说着，樊锦诗陷入沉默。2017年3月14号上午，笔者去看望到北京参加全国政协会议的樊锦诗。樊先生谈起敦煌

北京大学历史学系考古专业1958级学生合影，后排左七为樊锦诗（图片来自北大历史学系网站）

莫高窟文物抢救与保护的故事，语重心长、思绪万千。

敦煌莫高窟命运多舛，我们的前辈不容易啊！从敦煌的兴衰能看到中国千年的历史，从莫高窟文物命运能看到我们百年来的奋斗。

敦煌莫高窟、榆林窟、西千佛洞洞窟的塑像、壁画、经卷等文物百分之九十与佛教相关，它的命运随着中国改朝换代而起落兴衰。魏晋之时，统治者崇信佛教，王公贵族投其所好，捐款出资建造莫高窟的多是地方权贵、大户供养人。隋唐时期，东西交往的丝绸之路逐渐繁荣，武则天推崇佛教，莫高窟凿窟建洞达到1000余个。“安史之乱”后，敦煌先后由吐蕃和归义军占领，他们崇佛信教，继续造像。宋代兴起航海热，东西贸易多从海上船运到南亚、西亚、中东、欧洲。海上丝绸之路的兴起，传统的丝绸之路逐渐废弃，敦煌逐渐失去了东西方交易枢纽的社会功能，被遗弃在西北荒漠之中。清康熙四十年（1701）重修，但已失去往朝烟火。清末（1900）莫高窟藏经洞被王道士无意中发现，引来西方强盗们贪婪的目光，荒凉大漠中沉睡了几百年的敦煌莫高窟遭到空前浩劫。俄国人、英国人、法国人以“学者”“探险家”名义，带着各种探险队、考察队、测量队进入中国西北。英国人斯坦因来过四次敦煌，他带着几十箱藏经洞宝物离开时，竟然还受到敦煌地方官员盛装欢送。从1907年到1928

年，外国考察队从藏经洞带走5万多件经书、绢画等文物，流散到英国、法国、俄国、日本以及美国、丹麦、德国等国家。

懂中国文化、会说汉语的法国人伯希和1909年在北京六合饭店向罗振玉等人展示他随身带的敦煌经卷书法。罗抄录了部分内容立即发表出来，并向清政府上书请求将残存敦煌经卷运到京城。第二年运送途中，又有一些经卷被贪官私藏、变卖流失。现存在中国的仅有约2万件。1924年1月，美国人华尔纳带领哈佛大学考古调查团来到敦煌莫高窟，把石窟里26块壁画整块剥下来连同一尊菩萨彩塑带回美国。敦煌莫高窟宝物的流失，刺激了西方人到中国掠夺文物热潮，也兴起了中外学人研究敦煌文物的“敦煌学”。

樊先生讲着敦煌的过去，一股莫名的情绪写在额头。

千年文物遭受劫难，朝野内外有识之士无不扼腕哀叹！中国人保卫敦煌文物的呼声，随着1919年中国“五四”运动的爆发日益高涨。1928年学界推动国民政府成立古物保管委员会。常书鸿等人在海外看到莫高窟文物激动不已，毅然回国，心向敦煌。

1931年“九一八”事变，日本全面侵略中国。国民政府着手开发甘肃的西北油田资源，甚至作了十年开发一万口油井的计划。1941年10月初，国民政府监察院院长于右任在甘宁青监察使高一涵和马云章、卫聚贤等陪同下，到西北巡视油田建设。10月5日中秋节，于右任专程到敦煌莫高窟看望正在敦煌画画的张大千。当晚，他们把酒赏月，谈到敦煌文物被窃夺，许多洞窟坍塌残毁，壁画和彩塑被风沙侵蚀褪变剥落，千年国宝濒临毁灭。于右任感之慨之，赋诗二首："敦煌文物散全球，画塑精奇美并收；同拂残龛同赞赏，莫高窟下作中秋。""月仪墨迹瞻残字，西夏遗文见草书；踏破沙场君莫笑，白头才到一踌躇。"回到重庆后，他向最高国防会议提议建立敦煌艺术研究所。提请公决，获得通过。（《文史杂志》第二卷第四期，1942年2月15日）

讲着讲着，先生舒展的眉头松了又紧。

就在这时，张大千在莫高窟临摹的做法受到质疑。他携带家人、学生住在洞窟里，掏沙清洞，对洞窟文物考察、记录、编号。壁画有很多不同年代画的多层壁画，他剥离西夏、宋、元等晚期的外层壁画，露出北魏、隋、唐年代的壁画做临摹，画了120多幅。北京大学教授向达正在莫高窟考察，发现后向中央研究院写信报告："张大千氏做临摹工作，任意勾勒原画，以便描摹，损坏画面，毫不顾惜，且以洞窟作为家人卧室……尤其令人愤恨者，为擅自剥离壁画。"1942年10月，向达在重庆《大公报》发表连载文章，呼吁将千佛洞收归国有，交由学术机构管理。在舆论压力下，1943 年，张大千离开敦煌。

1944 年 1 月，“国立敦煌艺术研究所筹备委员会”成立，高一涵、常书鸿、窦景椿等人任董事。2 月，国立敦煌艺术研究所在莫高窟正式成立，常书鸿任所长。“这标志着敦煌石窟结束了约 400 年无人管理、任凭损毁、破坏和偷盗的历史，翻开了保护、研究和弘扬的历史新篇章。”樊锦诗说，“这也为敦煌石窟事业发展奠定了坚实的基础。”

说到保护莫高窟，先生如数家珍，几个阶段的描述，让笔者一目了然，其中不少人和故事，哪怕是先生很平实的叙述，都透着历史的沧桑与厚重。

莫高窟文物开始第一轮的抢救保护。这时的主要任务是找到人，看住门，不能再让人偷盗，不能让文物遭受战火。要把洞窟、雕塑、壁画从泥沙中扒出来，对洞窟固结构。为怕壁画遭风吹日晒风化消失，要加速临摹。为让世人了解精美的古代佛教文化，要大量临摹！临摹，是这一阶段最重要的任务，也是画家常书鸿所长最为擅长的。

第二轮抢救保护主要是在中华人民共和国成立后至“文革”前。敦煌文物在中国政府接管并设立研究保护机构以后，受到精心保护，再也没有受到人为的破坏。1961 年，莫高窟被国务院公布为第一批全国重点文物保护单位，春风吹进敦煌莫高窟。常书鸿、段文杰们艰苦奋斗的事迹吹进中国高等学府，吹进樊锦诗们这些未来考古学家的心中。这些幸运的学子赶上了敦煌文物保护的好时候。

说起考古总会联想到古墓、尸体、陪葬、青铜器、玉器、瓷器、陶器、漆器、钱币、纺织品、棺椁，等等。佛教洞窟考古则是新的学科，尤以敦煌莫高窟为典型代表。北大历史学系考古专业的苏秉琦先生对仰韶文化和商、周、先秦、汉、唐等考古学文化研究方法的创建，邹衡先生对夏、商、周考古的教学与研究，严文明先生对新石器时代考古学研究，李伯谦先生对安阳小屯殷墟挖掘及青铜文化的研究都给樊锦诗和彭金章等同学们留下深刻印象。彭金章对商周文化产生了兴趣。樊锦诗被向达教授保护莫高窟文物的情怀与勇气深深感染。她对敦煌十分向往，对宿白先生讲授的佛教考古情有独钟。1962年，她参加了宿先生主持的北京大学石窟寺遗迹考古实习，对敦煌石窟作过测绘、记录。用考古学的方法来研究中国石窟寺遗迹是北大宿白先生的创造，他的《中国石窟寺研究》也成为樊锦诗的启蒙教科书。在老师的指导下，大学学习与敦煌实习使樊锦诗看到了敦煌石窟的魅力所在。用考古方法研究敦煌石窟佛教文化使她不同于她的前辈们对敦煌的研究。

1963年，樊锦诗的到来，使敦煌文物研究所的工作增添了新的内容。除了前辈们所做的临摹绘画，她把石窟文物保护、考古研究和文物利用与大众传播作为毕生操持的主业。理想很丰满，现实很骨感。敦煌莫高窟在20世纪60年代很是荒凉，整年风沙肆虐。洞窟没有门，多被流沙半掩，雕塑漆彩脱落，皮破胎裸，都需要修补。壁画脱彩褪色，被强盗剥下盗走后的裸露的壁画墙壁就像美女的皮肤患了癌症。彩塑大佛所住的房子——洞窟残破不堪。就连早期艺术家们壁画临摹使用的覆透明纸描线和喷水覆描等做法，也使壁画受到严重损毁。一切研究工作的对象——雕塑、壁画等都处在风雨飘摇、日渐销蚀之中。

保护文物就是抢救文物。要把洞窟不断清理出来编号，把雕塑从沙砾中扒出来，清理，修补，上色。把壁画从烟熏火燎、风蚀脱落的墙壁上清理出来，补破损，描上线条，涂上颜色，恢复她们的本来面目。常书鸿、段文杰两位老所长把毕生心血都放在了研究所。尽管中间经历了许多的政治运动和“文革”劫难，老人们之间也有些不愉快的经历，敦煌洞窟的文物保护却是几代人的共同使命，是“不可抗力”，连红卫兵的“串联来访”也莫能对“老佛爷”动手动脚。

“文化大革命”当中，因为远离大城市，“破四旧”的火力没有那么旺盛。对来到敦煌的“红卫兵”来说，只要拿出国务院文件，说敦煌雕塑壁画不是“四旧”不能破，这是文物要保护，文物也就完好地保护下来。但是，反右、“文革”下放劳动等运动，使研究所的文物保护与研究基本停顿。

第三轮深化的抢救性保护是从1977年到1987年，敦煌莫高窟被列入世界文化遗产名录。这时的抢救不再是简单的加门支护外延性保护，而是针对化学、气象、地质结构等因素进行针对性研究保护。考古学出身的樊锦诗获得了用武之地。

自从进到敦煌，樊锦诗就跟风沙泥土打上交道。敦煌的文物承载着千年佛陀的故事，教化信徒精神不灭。但佛像都是泥塑，从唯物的眼光看，是源于泥沙，成于石胎泥皮，不会“物质”不灭，不会永远存在，

敦煌研究院研究人员在工作

大自然的运动总会对它造成损坏。风沙侵蚀、雨淋渗漏、虫鼠啃噬、环境安全等威胁着莫高窟的生命。樊锦诗冷静地看待坐在千年洞窟的这些“佛爷”，延长它们的“存在”时间就是延长敦煌文物的生命周期，也就是文物保护最重要的使命。她担任所长，不再像前辈那样，支起画架，拿着画笔把可能要消失的壁画描摹下来。今天看来，这些描摹具有巨大的价值，尤其从经济角度看,也是巨大的知识产权。她是研究佛教考古的，每天穿着工装，带着工具，领着研究人员和工人们天天爬在石窟的脚手架子上，对着壁画，研究起甲、酥碱、空臌、颜料变色等病害，还得挖土和泥，调色上药，涂脂抹粉，恢复佛像“尊颜”。敦煌文物保护研究不仅仅是钻洞窟干泥水活，还要冒着烈日和风沙，下到河底测量水流，爬上坡顶测试风向风速，研究山崖山体和周边环境对石窟的影响。樊锦诗像颗大钉子，钉在哪里就自身锁住不松口，不垮塌。她带领敦煌研究院建立起环境监测和风沙治理的系统，对周边实施了大面积的沙体固定，建设起人工防风工程。风里来，泥里去,樊锦诗运用现代科学技术在洞窟加固、塑像维护、壁画修复以及壁画病害防治等方面做出了前所未有的成就。解决了壁画起甲、酥碱、空臌、颜料变色等一系列难题，登上了世界文物保护的高峰。

保护文物佛心化缘。没有钱就不能买到先进仪器

敦煌石窟外观

设备，也难以引进先进技术和科学方法，樊锦诗和段文杰等利用一切机会向国家有关部门反映、“化缘”。虽然身在山沟，但这些曾经风雅的学子海归眼界敞亮得很,用“化缘”来的宝贵资金优先购买国际先进设备，他们瞄准了文物保护世界标准。

文物保护世界标准的标志是被联合国教科文组织列入世界文化遗产名录，作为人类文明的宝贵遗产得到全世界各国人民的共同保护。1972 年，联合国教科文组织在世界文化遗产总部巴黎通过了《保护世界文化与自然遗产公约》，成立联合国教科文组织世界遗产委员会。中华人民共和国在 1985 年 12 月 12 日加入《保护世界文化与自然遗产公约》的缔约国行列。世界文化遗产工作贯彻以“保护为主、抢救第一、合理利用、加强管理”的方针，确保世界文化遗产的真实性和完整性。

怎么达到这个世界水准？敦煌石窟保护还有那么多难题没有解决。樊锦诗胸有成竹，她以独有的气质、切中要旨的表达，向世界同行介绍敦煌佛教文化的博大精深，讲解敦煌文物保护的科学研究。温文尔雅的樊锦诗语出惊人，中国人对敦煌的研究和保护令世界同行为之震惊。日本大阪大学、东京国立文化财研究所、美国盖蒂保护研究所、美国梅隆基金会等主动提出给予先进技术和资金，与敦煌研究院合作进行敦煌石窟的保护研究。敦煌文物保护的理念、保护的技术、安全系数与环境治理明显提升。两代人四十多年呕心沥血浇灌出敦煌文物保护美丽之花。1987 年 12 月，联合国教科文组织一致认可中国科学家出色的科学研究和遗产保护成果，批准将中国首次申报的敦煌莫高窟列入《世界文化遗产名录》。

世界文化遗产委员会的评价是：“莫高窟地处丝绸之路的一个战略要点。它不仅是东西方贸易的中转站，同时也是宗教、文化和知识的交汇处。莫高窟的 492（后来，这个数字扩大至 735）个小石窟和洞穴庙宇，以其雕像和壁画闻名于世，展示了延续千年的佛教艺术。”

戴上这顶桂冠，樊锦诗的石窟考古与文物保护创

世界遗产标志

中国世界遗产标志

世界遗产标志

造了新的辉煌。莫高窟申遗成功使她的身价迅速蹿升，世界各国到莫高窟参观的人们热情高涨，络绎不绝，游客从每年 2 万人次骤增到 100 万人次。大量游客集聚洞窟内，使原先设定的温度、湿度、二氧化碳含量等剧增，威胁着文物壁画的安全。莫高窟文物保护从国家级别上升到国际级别，保护的压力骤然增大了。怎么办？

第四轮可持续发展式保护——合理利用，加强管理。20 世纪 90 年代，中国在上海和深圳建立了证券交易所。一些公司改制、包装、上市，赚了大钱。有的旅游景点也通过包装上市先富了起来。有人找到樊锦诗，要她把莫高窟文物资源包装进去做上市公司赚大钱。这些“忽悠”给她很大压力。不答应吧，有人说她是死脑筋，骂她是脑袋僵化的“死老太婆”；答应吧，莫高窟在法律上是国有资产，在历史上有上千年积淀，经过几代人上百年拼命保护发展起来的。这份祖宗的遗产，不能在我们手上造没了。她拿着保护条例挡住他们，不能卖莫高窟。她说，我不是学法律的，但我们保护文物就要靠法律。《文物保护法》《中国文物古迹保护准则》《保护世界文化遗产与自然遗产公约》是针对所有的文物保护来订立的。莫高窟不是一件青铜器，是一个区域一个系列，多种文物构成，需要多学科多部门的合作保护，是系统工程，需要规划、国土等多个部门协调资源整合，共同发力。她带领敦煌研究院与美国盖蒂保护研究所、澳大利亚遗产委员会合作研究制定了《敦煌莫高窟保护与管理总体规划》。2002 年甘肃省制定《甘肃敦煌莫高窟保护条例》地方法规，确定了保护方针，将保护莫高窟文化遗产并纳入甘肃省国民经济和社会发展计划及敦煌市城乡建设总体规划，明确了具体保护范围、内容、方法等。樊先生说："这是我们的尚方宝剑，有人来要我们大开发大赚钱，我们就拿这个法规来挡住他。"比如，《条例》规定："要科学确定莫高窟旅游环境容载量，对开放洞窟采取分区轮休制度或者限制游客数量。"

为此，樊锦诗专门作了游客承载量的研究，希望在满足游客需要和文物保护之间找到一个平衡点。樊锦诗和她的研究集体一直在努力寻找一条科学的途径，来化解文物保护与开发的矛盾。樊锦诗说，我们的作用就是要让石窟“保重身体”，尽量老得慢一些，争取让她“青春永驻”。面对游客迅猛增加带来的挑战，敦煌研究院开始开展大量卓有成效的保护工作，从研究、利用和管理等方面制订了具有权威性、强制性和约束力的保护措施。樊锦诗说：“文物就像人的胃，有多大胃口就吃多少饭。文化遗产的开发利用必须建立在保护为主的基础上，然后进行科学、适度的利用。”她在全国政协十届一次会议上提出了关于“建设莫高窟游客服务中心的建议”，被全国政协列为重点提案。在樊锦诗眼里，任何文物都在逐渐退化，何况有多年历史的石窟、壁画。“敦煌有那么多洞窟、塑像、壁画等珍贵文物，我们得想办法把这些信息固定保存下来。‘数字敦煌’是一个不错的选择。”她弱小的身躯里正孕育着巨大的能量，一个现代大数据云计算新敦煌的雏形形成了。

第五轮文物保护——用超前的眼界与智慧，建设世纪工程：“数字敦煌”，樊锦诗憧憬着让敦煌成为“不朽”的遗产。

4. 文物自己会说话

大音希声，大象无形。

到了敦煌怎么去看莫高窟？樊锦诗带领她的研

2004 年，樊院长指导年轻人研究工作（张伟文摄影）

究员们把掩藏于风沙一千多年的莫高窟 735 个洞窟，45000 平方米壁画，2000 多身彩塑和流散于世界各地六十多个博物馆的经卷文献做了一系列考古探索。她以五十多年敦煌研究功力积淀，纵观百年敦煌学走向，统揽 20 世纪敦煌石窟研究的全部成果，经过深入总结思考，写下鸿文《敦煌石窟研究百年回顾与瞻望》，成为中国敦煌石窟考古研究领头人。她运用考古类型学的方法，通过对洞窟、佛像和壁画等文物的研究，撰写出《莫高窟北朝洞窟分期》《莫高窟隋代洞窟分期》《莫高窟唐代前期洞窟分期》《莫高窟唐后期洞窟分期》等重要论著，完成了敦煌莫高窟北朝、隋及唐代前期的分期断代，成为学术界公认的敦煌石窟分期排年成果。文物分期如同对历史人物确定年代一样具有坐标性意义。把不同年代的文物混淆起来，就会闹出“关公战秦琼”一样的笑话。

当别人问樊锦诗：“您的研究一定揭示了很多的秘密，能告诉我们怎么去看莫高窟吗？”她总是抬起头，眼睛平视，微微颔首，轻轻地说：“文物自己会说话。”是的，看了那些洞窟，看了那些塑像，看了那些壁画，读了那些经卷，你就看懂了莫高窟。

其实，关于莫高窟，樊先生心里早有一本十分清晰的账。从她展示的一幅幅图片中，我们看到的历史都是鲜活的。

莫高窟是东西佛教文化的化合物。从西汉开始，朝廷就以敦煌为咽喉控制了东西方战略交通要道。敦煌向东穿过河西走廊到达长安、洛阳，敦煌向西分南、北、中三道进入西域等地。南道是出阳关沿着昆仑山北麓经鄯善、且末、于田至莎车，翻过葱岭进入大月氏、安息等国。北道是敦煌向西出玉门关北行，沿着天山南麓经过车师前王庭、焉耆、龟兹到疏勒，翻越葱岭进入大宛、康居、大夏。隋代以后开辟中道，从敦煌向西经伊吾、高昌、鄯善到达中亚。满载瓷器和珍珠、宝石、马匹、粮食的胡人商队和汉人商队络绎不绝，在此会合交易。各国使节、僧侣、信徒往来频繁。

敦煌莫高窟的佛像、壁画、经卷、珍宝就是真实的记录。莫高窟第 296 窟《商旅图》，描绘了《佛说诸德福田经》中“安设桥梁过度羸弱”的画面，丝绸之路上两支商队在桥头相遇，桥上为中原商人，乘马赶着满载货物的毛驴走上桥头；桥下的胡商牵着骆驼等待过桥。

那时候的敦煌吸引了很多中原到西方去寻求佛法的僧人，也吸引了很多西方到中原来的僧侣。敦煌成为中国最早接触佛教的地方。根据魏书《释老志》记载，“敦煌地接西域，道俗交得其旧式，村坞相属，多有塔寺”。随着僧人络绎不绝来到敦煌，把西域各国的建塔造寺、开窟筑像、坐坛讲经的做法就带到了敦煌。在魏正始年间 (240—249)，西域的月氏人竺法护来到敦煌出家为僧。他从西域文人和龟兹使节那里拿到一些梵文佛经，广收信众，传经说法。听讲者多达千人，有的从长安、洛阳等地来到敦煌追随。他的弟子竺法乘和敦煌人于法兰、于道邃等高僧开始兴建寺庙，现身说法。内地高僧信众们来到敦煌听讲，也在莫高这个地方学样开凿洞窟，坐地修行。这样逐渐形成连片成群的莫高窟洞窟。建造洞窟并不是规划好再建，而是大德信徒们和当地大户们一个一个地自行选址，或自己或雇匠人刨土凿石，开窟，塑像，绘画，落成礼佛。莫高窟及其周边的西千佛洞和安西榆林窟的建设历时十个朝代，一千多年。主窟群因地处莫高这个地方而得名莫高窟。莫高窟佛教文化以西方传入的佛教文化与中土中原的儒教和道教文化相碰撞、相融合，与当权者、与供养人和建造者的生活亲历、精神追求等经验相融合应运而生。

莫高窟的洞窟长什么样呢？莫高窟的洞窟自公元366年乐僔和尚开始建造第一个石窟，一直延续千年，历经西魏、隋朝、初唐、中唐、盛唐、晚唐、五代、西夏、元代，建造了上千个洞窟，已经清理出来并编号命名的有735个石窟。这些洞窟都是凿在半坡的立面上，基本形制有五种，主要是禅窟、中心塔柱窟、殿堂窟、佛坛窟、大像窟。这些洞窟多数在南区，有的高大宽阔，有的极为袖珍，里面有佛龛、雕像、彩塑、壁画。后来从北区石窟研究中又发现了供僧人坐禅修行的禅窟、僧人起居生活的洞窟和死后存放遗体骨灰的洞窟。

第一种是受印度毗诃罗窟的影响修建的供修行者坐禅修行禅窟。禅窟有大有小，大的如第285窟，窟形高大，佛龛众多，藻井壁画佛教故事人物丰满多样，层叠鼎礼，迭代续存。

第二种中心塔柱窟来源于印度的支提窟，例如，第254、第288、第428窟，凿窟留出中间支撑塔柱四面开龛塑像。这种形制象征着在窟内筑建佛塔，观佛修行人绕着塔柱观像礼佛。窟内墙面上中下各种形制的佛龛塑像众多，环窟从下至上各个墙面上画有 1235 身佛像，洞窟前部绘有本生故事和佛传故事，如降魔变和萨埵舍身饲虎本生故事、难陀出家因缘故事和尸毗王本生故事。

第三种是殿堂窟，受到中国殿堂建筑影响，方方正正，正面供佛，所有墙面均有壁画。莫高窟最早的洞窟之一是建于北凉的第 275 窟，其建筑形制为长方形殿堂窟。

第四种佛坛窟，与中原寺庙佛殿相似，在大型洞窟的中央凿出佛坛，在佛坛上塑造出彩塑的群雕佛像。信徒们可以围绕着佛坛由左至右绕行转圈礼佛拜观。

第五种是大像窟，顾名思义里面有巨大的弥勒坐像，如盛唐时建造的第 130 窟大佛。大佛头部高 7 米，自下而上仰望，但见弥勒大佛庄严慈祥，令人敬畏。

彩塑是生动灵秀的佛法庄严秀。莫高窟的洞窟里几乎都有彩塑塑造的佛教人物。最多的是佛像、菩萨像、弟子像、天王像和力士像，主要供信徒们瞻仰、膜拜、供奉。第 130 窟的大佛像，第 158 窟的佛涅槃像都是典型代表。唐玄宗和武则天都信奉弥勒佛。唐开元九年（721），敦煌的僧人处谚和他的同乡在莫高窟建造了高 26 米的弥勒佛像，这就是第 130 窟南大佛像。从任何角度观摩佛像，都会使人感到弥勒佛之至高无上。第 158 窟的佛涅槃像是吐蕃统治时期所建造的极为宏伟动人的佛祖释迦涅槃（去世）时的庄严安详尊容。中唐彩塑、壁画和石窟建筑使第158窟获得佛法尊严的至高无上之地位。

按照佛经的记载，释迦牟尼佛于中天竺拘尸那城中跋提河畔娑罗双树间，念《大般涅槃经》，一日一夜毕，“即于是夜，右胁而卧，泪然大寂”。释迦牟尼佛塑像面带微笑，展现安稳祥和、“寂灭为乐”的涅槃境界。众弟子扶持举臂号啕大哭举哀。菩萨“大觉有情”者，沉静虔诚对待佛的涅槃。汉族帝王和吐蕃、突厥、回鹘等各族及南亚、中亚等国的王子与信徒们极度悲痛，号啕大哭，有的割耳、挖心、剖腹等痛不欲生。

除了这些大佛，还有二千四五百尊佛像和在壁间的数以千计的小佛像，最小的只有十几厘米。这些彩塑动作、衣着体现不同朝代的特点。唐朝塑像体现富态高贵之美和薄透露的穿着时尚。代表女性的菩萨像或袒胸露臂、气定神闲，或身段秀美、婀娜多姿，眉眼修长，肌肤润泽，栩栩如生。衣裙飘摇，如丝如雪，薄如蝉翼，飘飘欲仙。

敦煌壁画是千年的社会写真和理想映像。敦煌莫高窟、榆林窟、千佛洞里的壁画是汉、魏晋、南北朝、隋、唐、五代等六朝的原生态绘画真迹。壁画内容极为丰富，绝大多数是画佛教人物尊像，有佛祖释迦、三世佛、七世佛、多宝佛、贤劫千佛、毗卢遮那佛等佛和观音、文殊、普贤、势至等菩萨。还有各类神仙天龙八部：天王、龙王、夜叉、飞天、阿修罗、迦楼罗(金翅鸟王)、紧那罗(乐天)、大蟒神，等等。近千幅尊像、神仙画都是以故事来说法，弘扬佛教精神世界。壁画里描绘佛教传说故事的佛教史画和佛教圣地等大千世界的浪漫描述也堪称精美。敦煌石窟有大量的经变画，就是用画把佛经故事描绘出来，有主人公，有时间延续，有内容联系，有内在逻辑，首尾完整，人物情节主次分明，画法技巧高超，甚至有让小孩子也能一望便知的儒童画“宝积经变”。莫高窟的经变最有思想内容，类别有33种，影响力持久的有西方净土变、东方药师变、弥勒经变、法华经变、维摩诘经变等，数量最多的是东方药师变。敦煌经变内容丰富，形式多样，除了佛经内容外，也有当代人为佛祖举哀、上香、礼佛、供养等现实场景画。大量的社会生活内容在经变画中得到生动的体现。

尊像画虽然画的是佛陀、菩萨和他们的弟子、天王、力士等，但画得生动传神，甚至多有浪漫。比如，有袒胸露背的菩萨和轻歌曼舞、飘飘欲仙的伎乐和飞天等。禅宗经典释迦牟尼的故事画，画出了佛祖释迦牟尼生平传奇，释迦前生为救度众生而忍辱、施舍、牺牲等种种善举本生故事，释迦成佛后说法教化的“因缘故事”。

中国传统神仙画是将佛教人物与中国传统神仙融合，把中国的东王公、西王母、伏羲、女娲、风神、雷神、电神、雨神等融入画风，而经变画则是以佛经为主题演绎故事绘成连环壁画。把中国传统人物、山水、建筑、花鸟画和社会生活画与佛教故事巧妙结合，画出佛经中宏伟壮丽、气象万千的佛国世界。

洞窟供养人即出资开窟造像的人也把自己祈福礼佛供养的场面画在洞窟里。供养人有世家大族、当朝文武、商人、僧官、僧尼，还有工匠、牧人、行客、侍从、奴婢和善男信女，等等。曾统治敦煌、瓜州的地方长官张议潮、曹议金，除了控制政治、经济和当地民众，还牢牢控制了莫高窟的凿窟、造像、礼佛等佛事活动。他们把壁画古为今用，佛为己用，在大幅《张义潮统军出行图》《曹议金像》中，将自己一家几代亲族属吏都画进去，且画得高大端庄。

很多壁画生动描绘了古代敦煌农业生产的场景。有一牛拉犁耕种，也有二牛拉犁耕种，农妇提着篮子播种，头戴斗笠的农民手持镰刀收割，堆着庄稼的场院上，农民用木杈、农妇用扫帚正在打场。壁画透露出浓郁的东方文化又包含着西方的经典，还有普通的官僚、富贵人家与普罗大众生产生活场景。壁画不仅有人物故事还有装饰图案画。用不同的图案纹样把洞窟建筑、佛龛、彩塑等分隔成不同题材壁画，像精美纽带把窟像画连接成一个整体。一个洞窟就好像360度球幕放映，让人目不暇接。

樊锦诗的佛教文化考古研究，还原出壁画的显学意义，也透过壁画的表象，挖掘出壁画的精神秘密。比如，佛的本尊故事，禅宗经典故事，报恩父母经典故事，神秘的密教艺术，等等。

樊锦诗在《敦煌莫高窟第290窟的佛传故事画》中以第290窟的壁画故事内容排列顺序，考古佛教故事来源，考证出故事情节，揭示出这幅巨型连环画所描述的佛祖的一生。

莫高窟第290窟的佛传故事画以64个画面讲述释迦“托梦投胎，超凡入圣”。他的母亲做了个梦，梦见一只白象骑在她身上，醒来时感觉自己竟然怀胎了。此时万物复苏，百花待放，预示着圣神将降身人间。圣神降生是不同寻常的，母后站在树边，从腋下把释迦生了出来。释迦能力超常，落地即能行走，能说话，走过之处，步步生莲。释迦出生时，天神在旁边伺候，龙王兄弟帮助他洗浴。母后怀抱着释迦回宫，他的父亲白净王率众迎接，行礼作拜。壁画用图画演绎了佛祖释迦从诞生、成长到学书、学武、悟道、纳妃、出家成佛的一生。

《楞伽经》变画的《禅宗经典故事》，楞伽是当时印度南端的锡兰岛上的楞伽山，现属于斯里兰卡。禅宗初祖菩提达摩所传佛法就是《楞伽经》，是以静修为宗旨的佛教宗派。《楞伽经》形成于印度笈多王朝（4—6 世纪）时期，属于大乘佛教，北魏时从印度传入中国。

敦煌遗书新本《六祖坛经》记载禅宗五祖弘忍大师请宫廷画师卢珍到黄梅县冯茂山禅寺画楞伽经变。第二天，画师到了禅寺，发现寺院准备作画的墙壁上有四句偈语："身是菩提树，心如明镜台，时时勤拂拭，莫使有尘埃。"画师见此，搁下笔走人了。五祖弟子惠能对曰："菩提本无树，明镜亦非台，本来无一物，何处惹尘埃。"弘忍去世后，慧能成为禅宗六祖。慧能大师的"自有佛性说、顿悟成佛说"成为中西佛教思想融会贯通的大家。

《楞伽经》的最高智慧是《金刚经》。弘扬大乘佛教的金刚经变中的《歌利王本生故事》，宣扬佛陀成佛之前的忍辱修行。当他被因妒忌而生愤恨的歌利王割断胳膊和腿时，仍能对其不怨不恨，忍辱达到了最高境界。歌利王被他的不恨能忍，复使身体完好如初所震惊，从此拜服佛陀。

《思益经》是《思益梵天所问经》的简称，是鸠摩罗什于后秦弘始四年（402）翻译的，莫高窟第 158 窟前壁（东壁）的思益梵天所问经变据此绘制。释迦牟尼佛在宝罗筏国，与大众说法，佛光普照。诸方菩萨前来拜佛听法。思益梵天菩萨来到释迦佛住所，向佛顶礼膜拜，提出种种疑问，佛一一回答。梵天问佛：什么比刀剑、毒药厉害？佛说：伤人的话和贪欲比刀剑厉害。问佛，什么是得利、失利？佛说:给予是得利，接受是失利。问:什么是安乐、富贵？佛说:欲少最安乐，知足大富贵。思益梵天问爱、问医、问能、问痴、问智、问舍、问障、问福、问痴等，所有问题均得到佛的一一指点，梵天彻夜不眠，欢喜踊跃，获得从未有过的满足。思益梵天菩萨与释迦佛对谈佛法，全面阐发了大乘佛教空宗的义理，在哲学、价值、道德、物质、精神等方面进入空观境界。修行者通过修行摆脱主观意识和情欲，即可解脱，达到“诸法平等，无有往来，无出生死，无入涅槃”。

佛教经典《楞伽经》和《思益经》对世界佛教文化影响巨大。北宗神秀向普济传法，要求他“看思益，次楞伽”。在莫高窟中最大的一幅金光明经变画中，描绘释迦在王舍城鹫峰山为广大圣众说法的宏大场面。水榭楼阁，众天云集，七宝池中宝莲盛开，菩萨于莲花座上胡跪合掌恭敬听法。伎乐起舞，乐队演奏，阶前美音鸟迦陵频伽两手举花供养起舞。这铺佛教说法壁画反映出中唐时期的社会盛景。

莫高窟的壁画佛教故事极具感染力。第254窟的《尸毗王本生故事图》《萨那太子本生故事图》和第257窟的《鹿王本生故事图》因缘故事内容离奇、情节曲折，极易入脑入心。

《报恩父母经典故事》经卷画是印度佛教与中国传统伦理相融合的产物。印度佛教要求僧尼舍弃父母妻儿，孤独苦修。中国儒教则是讲孝道，效忠国家，孝顺父母。印度佛教宣讲福田功德、因果报应。印度佛教在向中国传播时与中国儒教逐渐形成了以孝为先的因果报应、报恩功德的佛教报恩思想。莫高窟的八大经变画把《报恩经》《父母恩重经》《福田经》《盂兰盆经》《佛说盂兰盆经》等报恩思想用故事画了出来。例如，目连下地狱寻母，以身试苦，在如来佛法帮助下解救母亲。报恩的行为也是为自己修福田，得福报。报恩福田佛教伦理和善恶报应的轮回教义对中国佛教伦理影响深远。莫高窟修行的僧人，当地的官员、大户和往来贸易的商人都深信笃行。

在敦煌藏经洞经卷中，佛经占到95%，现在北京存有9000多卷。有已佚亡的版本，大量古代藏文写本和梵文写本，道教和外来的景教、祆教、摩尼教等经典，还有大量手抄儒家经典，还有数百件中国道教经典。这说明中原儒家文化在敦煌也有很大发展。敦煌文学有《诗经》《文选》等。藏经洞保存了失传已久的珍贵的通俗文学作品，有变文、讲经文、词文、话本、诗话，等等。晚唐五代时韦庄的《秦妇吟》，反映了黄巢农民起义的情况。还有大量的唐代《孟姜女小唱》《五更调小唱》《目连变》《降魔变》和《晏子赋》《韩朋赋》等，有唐代的《本草》《食疗本草》《疗服石药方》等医书，还有算经、星占、历书和印刷术等，还有不少官方和私人的文书，藏经洞文书中还有相当数量的古代非汉文的文字写本，如粟特文、古藏文、回鹘文、梵文、于阗文、突厥文、希伯来文等文书。壁画反映了古代社会生活中婚丧嫁娶、生老病死、衣食住行等民情风俗场景。

敦煌莫高窟藏经洞还保存了唐律残卷和重要的政治律令。《唐律疏议》是唐代重要法律典籍。“律”是对各种违法行为的惩罚条文；“令”是政府对规范管理的制度、规章；“格”是来防止奸邪的禁令，是对“律”的补充和变通条例；“式”是官府机构的各种章程细则；等等。律、令、格、式并行的制度形成了中国古代法

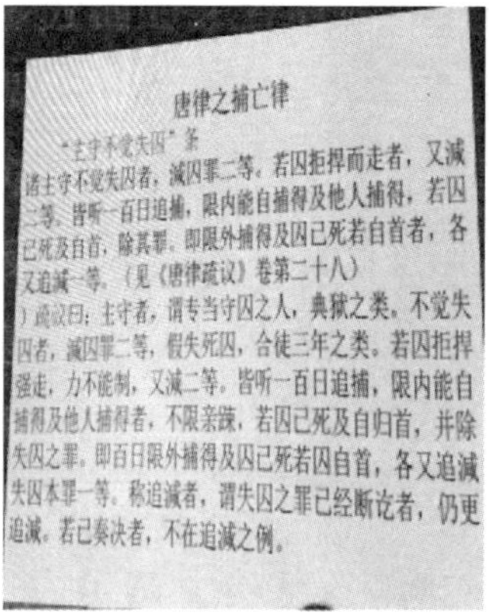

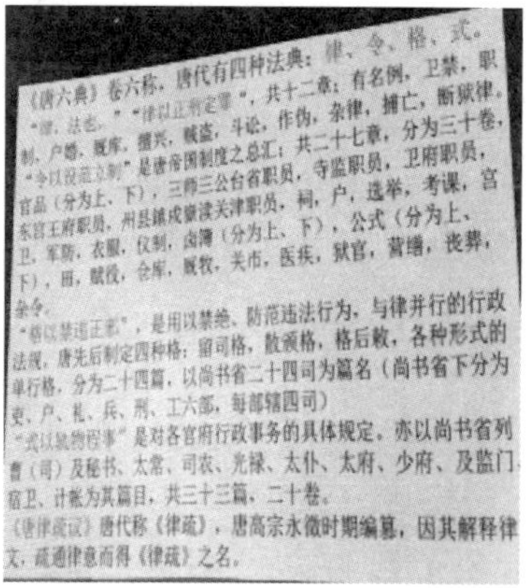

樊锦诗讲解藏经洞文献唐律 （王丽摄影）

制的最为完善的典籍体系。唐律基本由宋、元、明、清传承下来。唐代法典体系还广泛地影响了东亚各国，日本、朝鲜、越南受之影响最为明显。

莫高窟壁画也反映了当时的科学技术，已经知晓的有黄道12宫，这是古代巴比伦天文学家为表示太阳在黄道上的位置，从春分点起，每隔30度为一宫，以黄道12星座的名字命名。莫高窟洞窟建筑、彩塑、壁画及藏经洞出土的文书和艺术品，吸纳了中原以及希腊、罗马、波斯、印度、中亚等国家和地区的思想和文化，凝结了中西文化艺术基因，是集佛教思想、佛教艺术、科学技术、医药食品、地理天文于一身的千年宝库。

樊锦诗在近来的一些研究会上，反复提出：要从绝门、冷门的未知领域去探索。从交叉学科的微观层面挖掘资料及其内涵，深入揭示敦煌文献资料多方面的价值和意义。深入拓展对敦煌石窟（以及丝绸之路沿线石窟和文化遗迹）在考古学、艺术史学等方面的研究。以敦煌石窟为代表的中国优秀传统艺术反映了历代无名艺术家创造的奇迹，这些令无数观众感动的艺术却在以前的艺术史里很少提及。敦煌和丝绸之路沿线考古、艺术史的研究，必将成为中国艺术史的突破口。要在以往历史学、考古学研究的基础上加强对丝绸之路历史文化的研究，尤其是加强中国西部古代少数民族文化研究，中亚、西亚及南亚印度文化与中国古代文化交流的历史研究。古代于阗文、吐火罗文、粟特文、回鹘文、梵文、西夏文等民族文字研究都被称为“冷门”和“绝学”，但这些冷门和绝学往往可以为我们认识古代历史打开新的窗口，成为中国古代历史、中西文化交流史研究的突破点。要促进上述三个方面的研究，一方面应该发挥优势，集中国内历史学、考古学、艺术史的高端学者和那些能够解读古代少数民族文字的专家集中力量对丝绸之路与敦煌学难题进行研究；另一方面要对敦煌学与丝绸之路历史和文化进行系统研究，分别在历史学、语言学、艺术学等领域取得集成性成果，从而使我们对中国传统文化、对丝绸之路文化获得更加全面的认识，这也必将为我国“一带一路”倡议提供重要的文化参考。中国与西亚、中亚，包括欧洲各国的关系或许能从敦煌莫高窟研究中，找到特殊的“密码”和难忘的记忆呢！

5. 功德无量

79 岁，55 年，樊锦诗一日选择敦煌，便一生钟情敦煌！

知道敦煌的人，无人不晓樊锦诗。按照中国传统文化论人，一生无非三部曲，立功、立德、立言。尽管她说，我做的研究太不够了，就写了几篇论文，编了点书。没有时间，每天就这么着必须要干那些最最紧要、不干不成的事，一天一天就走到了今天。

从樊锦诗写作的文字，就可以看出她心里装着的大事，要研究的项目，要解决的困难，要完成的任务，要实现的理想，全部都是敦煌：《从莫高窟历史遗迹探讨莫高窟崖体的稳定性》《莫高窟崖顶风沙危害的研究》《敦煌莫高窟环境演化与石窟保护研究》《敦煌莫高窟及周边地区环境演化科普教育》《敦煌文物资源对当地经济发展的国内贡献》《敦煌莫高窟及其保护、研究工作》《敦煌莫高窟开放的对策》《敦煌莫高窟的保护与管理》《敦煌莫高窟保护与管理总体规划的制定与收获》《建设世界一流的遗址博物馆》……

她的心血全部浇灌在古遗址抢救、文物保护、研究院管理和景区开放等成千上万的一沙一石、一草一木、一砖一瓦、一颜一色、一春一秋、一苦一乐之中了。当然，她编写的那

樊锦诗在研究壁画

些印着敦煌莫高窟美轮美奂的洞窟、雕像、彩塑、壁画的精美艺术书籍至今仍然畅销不衰。人们开始认识她、赞美她，敦煌莫高窟因她而成就。她说，我因敦煌莫高窟而成名。

为此，她感动了中国！2009年她被评为感动中国人物。敦煌学研究大家季羡林先生有一句话评价樊锦诗："功德无量。"

敦煌的物质形态保护已经做到历史最好，敦煌学研究也当之无愧属于中国，对海外流失的文物也正在积极追索，人们沉浸在敦煌焕发青春的喜悦之中。

敦煌最早的洞窟已经1650多岁了，最年轻的也有七八百岁了。"敦煌最终是要没有的。什么时候呢？我希望它还能存在1000年。"樊锦诗说，"你明知道它慢慢要退化，你明知道我要老，让它别老可能吗？你别老，你别死，不可能！"她心里放不下的是，敦煌实在太脆弱，经不起地震、老化等自然灾害侵袭。敦煌实在太小，接纳不了日益剧增的游客。敦煌的文物实在太精深，走马观花无法参透。为了保护洞窟雕塑和壁画，洞内不能有强烈的光照。游客们进莫高窟参观，只能在黑漆漆的洞里，眼睛只能看到手电筒光照的区域听讲解，时间也有限制，大多数游客走马观花，什么也没看懂。怎么办？

用高新科技，做一个数字敦煌！一个大胆的构想在樊锦诗心中渐渐清晰，要为每一个洞窟、每一幅壁画、每一尊彩塑建立数字档案，利用数字技术让莫高窟“容颜永驻”。1998 年，樊锦诗担任敦煌研究院院长后，大胆提出利用计算机技术实现敦煌数字化构想！数字化需要全息全扫描，将洞窟每一寸面积全覆盖，最大强度复原洞窟原貌，而使珍贵的文物得以永久保存。让观众先观看全息影片，再进洞参观，节省在洞窟内驻留时间，增加流量。把数字影片放到网上，让不能来现场的人也能看到敦煌，领略这壮美的世界文化遗产。

多么美好的梦！这得要钱啊，要技术、要设备，等等。她知道，数字化是个巨大的工程，也要有思想的解放。你把宝库里每一寸照出来，放在网上，那还有人来看洞窟吗？影响旅游，影响当地经济，影响大家收入怎么办？

不做数字敦煌，可能永远就保不住敦煌！樊锦诗主意已定。她秉性耿直，敢挑这个担子就冒这个险。有人担心她，万一搞砸了，毁你一世英名。她宠辱不惊，坦然以对：我就属于敦煌，就与敦煌共荣辱。她组织敦煌研究院与浙江大学，共同申请国家自然科学基金支持“多媒体与智能技术集成与艺术复原”课题。这一课题以敦煌莫高窟文物数字化为重点，将莫高窟用多媒体及智能技术展现出来。已不年轻的樊锦诗，带领同事们爬高上梯，实行数字扫描，信息提取，制作合成。同时又一批理论成果问世：《濒危珍贵文物信息的计算机存贮与再现系统》《全数字摄影测量在莫高窟文物保护中的应用研究》《数字化时代的敦煌——探索保存和利用敦煌文化遗产的新途径》《敦煌莫高窟旅游开放的效益、挑战与对策》。敦煌文物研究院的文物保护走上现代化“互联网 +”模式。

她成功了！她出任总导演，亲自执导了敦煌莫高窟数字展示中心——球幕影院播放的主题电影《千年莫高》。2016 年 4 月，“数字敦煌”网站上线运行，游客不用亲赴敦煌也可参观 30 个经典洞窟、4430 平方米壁画，还可以轻点鼠标跟进全景漫游体验，每一尊佛像、每一根线条都清晰可见。你在任何地方只要上网查找数字敦煌，就会看到精美的莫高窟大佛涅槃，看到精美清晰的飞天壁画，看到壮阔的敦煌莫高窟。

数字敦煌的标志

莫高窟 45 窟球幕渲染图像

她很吃亏，不会画画，却守着巨大的世界上独一无二的精美绝伦的绘画资源宝库。曾经，她的前辈，也是她的引路人，祁连山下的主人公常书鸿，攒下了厚厚的临摹作品在世界各地展览，而世界知名。曾经，作为她的前任、师长和同事段文杰也带着巨量壁画作品在世界各地展出，成就了一个画家的辉煌。她并没有步前任后尘，拿起画笔，而是坚守着自己的专业——佛教考古，干了一辈子。这些年，她也拿起了画笔，却是敦煌文物保护长远规划的画笔，是3D成像的电子画笔，握住它，樊锦诗正在和新生代一起数说敦煌！

她，没有留洋，没有再去深造，没有考取硕士、博士。她没有画作，没有度假，没有守在父母膝前尽孝，与丈夫19年分居，孤身大漠。她也有发烧抱枕痛哭时，丈夫没赶到的无助，儿子生下来没有衣裳穿的窘迫。当她熬不下去时，也曾后悔不该任性抛开父母来到这里，然而，她始终没有离开。家里的三个男子汉，精心呵护着只会工作的老妈、老伴儿，她却觉得从心里对不起他们。如今，她就要迈入古稀之年，老伴儿伴着她走过了“想你，想你，想你”的人生马拉松。两个人，同学少年，云中锦书，追你敦煌，相濡以沫，大爱敦煌！

她还是个领跑者！不仅是2008年奥运火炬的传递者，还是今天数字敦煌的领跑人！

2008 年 7 月 5 日，樊锦诗作为 2008 北京奥运会
甘肃省第一棒火炬手在莫高窟传递火炬

“敦煌莫高窟就是我的一生。”在 2017 年的全国政协会议上，樊锦诗委员在《敦煌之美》邮册扉页写下“敦煌艺术美轮美奂”几个字，这是她的心声。文物承载灿烂文明，传承历史文化，维系民族精神，是老祖宗留给我们的宝贵遗产，是加强社会主义精神文明建设的深厚滋养。保护文物功在当代、利在千秋。习近平总书记的话犹言在耳。

她是感动中国守望敦煌 55 年赤诚不改的樊锦诗！

她是甘愿用生命守护敦煌的“敦煌的女儿”樊锦诗!
她是中国工匠樊锦诗!

去敦煌找她吧，你会在她神秘的1010编码指引下，游遍这大美佛都!

（王　丽）

后 记

“一带一路”相关国家众多，代表性人物众多，为中外交好、民心相通作出杰出贡献的人士众多。因此，为“一带一路”璀璨群星立传，既使命光荣，又责任重大。在这项浩大工程的策划、组织、执行过程中，有许许多多的人士参加了有关传主的名单征集和审定，以及写作、翻译、审读、编辑、出版、筹资、联络等繁重而琐细的工作。所有参与的人员，以拳拳报国之心，尽深厚学养之力，克服了时间紧、任务重、要求高、压力大等诸多困难与挑战，最终圆满完成了任务。在本书付梓之际，丛书编委会特向参与本项目的全体同志致以崇高敬意和衷心感谢！

同时特别需要鸣谢的是，提出策划并领导实施此项目的中国传记文学学会会长王丽博士，基于长期法律实务经验和担任“一带一路服务机制”主席职务的便利，她对相关国家和“走出去”的“一带一路”建设者和广大青少年的需求了解真切，提出应当为他们写一套介绍各国典型人物的简明易读的传记，为他们提供健康的精神食粮。她把这项“额外”的工作当成了事业，联袂商会筹集资金、苦口婆心招揽作者、精心挑选传主名录、夙夜青灯挥笔写作、近乎偏执逐字推敲、亲力亲为呕心沥血。面对如此浩大的出版项目和繁重的出版任务，中国出版集团华文出版社不但毅然承担了出版任务，而且集团和出版社的领导与中国传记文学学会的负责同志一起协商，寻求有关部门的支持和帮助，努力将该传系打造成高质量的精品好书。在此，我们特向项目牵头人和中国出版集团公司、华文出版社的相关领导和编辑致以崇高敬意和衷心感谢！

尤其让我们感动的是，在项目执行过程中，一些富有家国情怀的民间商会和企业家的慷慨解囊，虽不足以支撑项目的全部费用，但是他们所表现出的热心和支持，让我们坚定了走下去的信心和决心。在此，我们要特别鸣谢为本书的创作出版做出捐赠支持的中国民营经济国际合作商会、亿阳集团股份有限公司、富通集团有限公司以及太平洋证券股份有限公司，并对他们的拳拳报国之心和慷慨无私帮助致以崇高敬意和衷心感谢！

一项伟大的事业，离不开许多默默无闻的奉献者。在本传系的组织、编写、出版过程中，有历史、文学、科研、外交、教育、法律、翻译、出版等领域的数百位专业人士参与，恕不能在此处一一详列。需要特别提出的是，鞠思佳、景峰等同志为组织联络、搜集资料到处奔波而毫无怨言，唐得阳、唐岫敏、白明亮、谭笑等同志在编写、翻译和编辑、校对过程中的细致与负责让我们感动，赵实、胡占凡、高明光、吴尚之、刘尚军、李岩、王灵桂、李永全、陈小明、许正明、宋志军等同志睿智的指点和专业的帮助让我们避免了走许多弯路。在此，我们特向以上各位同志致以崇高敬意和衷心感谢！

当然，由于我们水平所限，本丛书难免有某些不尽人意之处和瑕疵，敬请学界专家和各位读者不吝赐教，我们将在作品再版之时吸收完善。在此，我们也向各位读者提前表示崇高敬意和深深感谢！

"'一带一路'列国人物传系"编委会

2018 年 3 月 8 日